基礎からわかる 経営分析の技法

AUTHORS
田中 弘
藤田 晶子
井戸 一元
加藤 正浩

税務経理協会

執筆者紹介（執筆順）

田中　　弘　神奈川大学教授・商学博士
（第 1 章、第 2 章、第 8 章、第11章、
第12章、第16章執筆）

加藤　正浩　龍谷大学教授
（第 3 章、第 4 章、第14章、第15章執筆）

井戸　一元　名古屋外国語大学教授・博士（経営学）
（第 5 章、第 6 章、第 7 章執筆）

藤田　晶子　明治学院大学教授・公認会計士試験委員
（第 9 章、第10章、第13章、第17章執筆）

読者へのメッセージ

大きな会社や名門の会社が続けて倒産したり廃業に追い込まれたりしています。

少し前では、日産生命や千代田生命、東邦生命などは「債務超過」で倒産しました。北海道拓殖銀行は「資金繰り」に行き詰まって倒産しました。

山一證券は、多額の「簿外債務」が見つかって廃業に追い込まれました。最近では、名門企業であったカネボウが「粉飾決算」等によって破綻しています。

「業績が悪化」して破綻した会社もあります。数多くの建設・土木会社がそうだといわれています。

倒産までには至りませんでしたが、三菱自動車、日本ハム、雪印乳業などは「不祥事」で会社の屋台骨が大きく揺らぎました。

小さな会社の場合は、ほとんどが資金繰りに失敗して倒産します。多くのケースでは、売上げは伸びていたのに資金が足りなくなって倒産しました。

こうした事例を見ていますと、「倒産」するのは、「業績が不振で債務超過」になったとき、「資金が足りなくなったとき」、「粉飾したり利益操作して会計をごまかし続けたとき」、などが原因だということがわかります。

会社が倒産すると困るひとがたくさんいます。

会社を経営していたひとも、その会社に勤めていたひとたちも、明日からの生活に困るでしょう。

株主とか社債権者などのように、その会社に資金を出していたひとは、もしかしたら出した資金が戻ってこなくなります。株券や社債券が紙切れになるかもしれないのです。

その会社と取引していたり、その会社から仕事をもらっていたりしてきたひとたちも、被害を受けるでしょう。

山一證券のときは、就職戦線が終わったときであったために、同社に就職が内定していた多くの学生が行き場を失いました。

会社が倒産するのを、まえもって知ることができれば、こうした悲劇を避けたり、損害を最小限に抑えることができるかもしれません。

また、自分が経営している会社とか、自分が勤めている会社とか、これから株を買おうとしている会社のことを、もっと知りたいというひとたちも多いでしょう。

「自分の会社がどれくらいもうかっているのか」、「将来性はあるのか」、「資金繰りはうまくいっているのか」、「その会社に投資しても安全か」、などを知ることは、これからの経済社会を生きていくうえで必須の知識といえるのではないでしょうか。

本書は、経営者の立場、投資家の立場、従業員の立場、就職する学生の立場など、いろいろな立場から会社を分析するための基本的な技法を紹介するものです。

どの章から読んでも、会社の一面を理解できます。しかし、会社のことを適切に判断しようと思ったら、会社の規模とか収益性だけでなく、安全性も生産性・社会性も、資金繰りも、将来計画もひととおり見たほうがよいでしょう。

ともかく、最後まで読んでみてください。そうすれば会社を分析する基本的な技法をひととおりマスターできるはずです。

本書は、研究会などでいつもご一緒している別掲の執筆者のみなさんに分担をお願いしました。そのうえで、編者が前後のバランスなどを考慮したり文体の統一をはかるなどの調整をしました。

本書の前身ともいうべき本を出版したのが一九九八年でした。その後、日本の経済界は大きく衰退《すいたい》し、経営に行き詰まる会社が増えてきました。こうした時代だからこそ、本書が、会社の経営活動や投資活動に、あるいは就職先の選定などに活用されることを願ってやみません。

最後になりましたが、企画の段階から出版まで終始お世話になりました税務経理協会社長大坪嘉春氏と同社常務大坪克行氏に心よりお礼申し上げます。

二〇〇八年三月

著者を代表して

田　中　　弘

目次

第3章　会計データはどのようにして作られるか

第5章　会社はもうけているか

第6章　いくら売れれば利益がでるか――損益分岐点の話

第7章　会社は成長しているか

第8章　会社への投資は安全か

第11章　連結財務諸表はどのように分析するか

第12章　経営計画と経営戦略を読む

第1章 なんのために会社を分析するか

大倒産時代の到来

大きな会社でも、倒産する時代になった。

最近の倒産事例をみると、会社の経営者や従業員でさえ、気をつけていないと直前になるまで自分の会社が倒産することにも気がつかない。

会社が倒産すると、会社の経営者はもちろん、従業員も取引先も、会社にお金を貸していた銀行なども、大きな被害にあう。

しかし、会社の倒産は、ある日、突然やってくるものではない。少し気をつけていれば、かなり前から経営がおかしくなる予兆があるものである。

多くの場合、そうした予兆は、会社の会計データに現れる。たとえば、「売掛金が急激に増えた」とか、「返品や在庫が増えた」とか、「現金預金が急に減少した」とか……社内にいれば誰でも気がつくことが多い。

本書がテーマとする会社の分析（経営分析）では、そうしたことから、主に、会社のデータを扱っている。

会社が倒産する前に、なんらかの対策をたて、可能であれば倒産を回避し、会社の建て直しをはかることができれば、倒産の悲劇を避け、損害・被害を最小限に抑えることができるかもしれない。

もっと積極的には、会社の経営を軌道に乗せ、事業を拡大して、業界のナンバーワン企業になり、そして、国際企業になり、さらには世界のリーディング・カンパニーになるために、経営分析の技法を活用したいものである。

以下、会社の経営分析が役に立つと思われるシーンごとに、経営分析がどのように役立っているかを、簡単に紹介しよう。

経営者は自分の会社のことがわからない

個人経営の店の場合でも、証券取引所に上場しているような大規模会社の場合でも、経営者が自分の会社がどうなっているのかを知らないケースが多い。

個人企業の場合は、経理のことは公認会計士や税理士の先生にまかせきりにしていることも少なくない。また、大企業の場合は、規模が大きすぎて、わが身のことが把握できないことが多い。

しかし、会社の会計データを少し気をつけてみていると、わが社の現状も、最近の動向も、さらには問題点まで見通せる。

たとえば、月次の売上高の変化とか、電気代（電力消費量）や残業手当、あるいは、販売員交通費などの増減をチェックするだけでも、製造部門や管理部門、販売部門の活動状況を把握することができる。

自分の会社のことであるから、他人にまかせきりにせず、会計データを集めて、自分の会社を分析してみることを勧めたい。

投資する前に、投資先のことを知っておく

余裕資金があるからといって、うわさだけを頼りに株を買ったり、最近のはやりだからといってろくに調査もせずにベンチャー・ビジネスに投資するのは、大けがのもとである。

会社の株を買うのなら、その会社について、ひととおりのことを調べてからにすべきである。

「あの会社は、どうも大型の新製品の開発に成功したようだ」、といったうわさを信じて株を買ったところ、インチキ情報で、けっきょく大損したといった話は後を絶たない。

大型の開発に成功するような会社は、二〜三年前から、巨額の研究開発投資をしているはずである。そうした情報は、会社の財務諸表を見れば書いてある。

投資しようと考えている会社について、収益性が高いかどうか、安全性（負債の返済能力）は十分かどうか、将来の計画はどうなっているか、その程度のことを調べるのには、二〜三時間もあればよい。

株を買うにしても、ベンチャー・ビジネスに投資するにしても、最低限、その程度のことは自分で調べてみたいものである。

取引先は安心できるか

これまでつきあいのなかった企業と、初めて取引に入るときは、慎重を要する。

とくに、初めての取引先と、多額の信用取引を行うときは、できるだけ、相手先のことを調査してからにしたい。

知り合いの企業と長い取引関係があるとか、地元で長年にわたって事業を営んでいるような企業であれば、めったなことはないであろうが、あまりよく知らない企業から、有利な話を持ち込まれたり、大きな商談が入ったときは、十分に相手のことを調べてからにしないと、大けがをすることもある。

たとえば、海外の時計ブローカーから、日本の時計メーカーに、ファッション時計の注文が入ったとしよう。価格などの取引の条件がよいので、現地に人を派遣して契約を結び、製品を海外に発送したところ、代金の支払日になっても支払いがないので、現地に問い合わせてみると、すでに、ブローカーの事務所は移転していて、どこへ引っ越したかわからない、などということもある。

また、有名な会社と似た名前の会社や有名会社の子会社のような名前の会社にも、気をつけなければならない。飛び込みのセールスがきて、有名企業の製品を格安で現金販売しているなどというので、サンプルを見せてもらったら有名会社の作った本物であったので、現金を払って購入したところ、後日送られてきた箱を開いてみたら偽物だったというようなこともある。

自分で調べている時間がなかったり、調べてもよくわからない場合には、信用調査のプロの手を借りることも必要である。

消費者の立場から見た会社のこと

投資する立場からすれば、あまりもうけていない会社よりももうけが大きい会社のほうがよいのは当然である。しかし、消費者の立場からすれば、そうともいいきれない。

粗《あら》利益率が五〇%の店と三〇%の店があるとしよう。五〇%というのは、売価の半分が粗利益だということである。五〇円で仕入れた商品を一〇〇円で売るのである。ぼろもうけではないか、と思うかもしれないが、生鮮食品や流行のある衣料品などは、だいたい粗利益率五〇%である。

三〇%というのは、七〇円で仕入れた商品を一〇〇円で売るのである。五〇%に比べると、良心的な商売をしているように思えるであろう。どうせ買うならこっちの店、と考えるのではなかろうか。

この例からもわかるように、自分がもうける立場（商売人・投資者）のときと、消費者としてお金を払う立場のときでは、評価が変わるのである。

消費者の立場や市民としての立場からみると、独占的な事業で大きくもうけている会社とか、力任せに市場をわがものにする会社、あるいは、地域の小さな商店を廃業に追いやって大店舗を構えるような会社を、投資者と同じ目で見ることはできない。

本書では、企業の社会性、社会に対する貢献度を知るために、第9章と第10章で、付加価値の分析をしている。

就職先としての会社を知る

山一證券が破綻《はたん》したときは、すでに就職シーズンが終わっていた。山一から内定をもらっていた学生は、新たな就職先を探して、たいへんな苦労をしたことと思う。

わたしは、ゼミの学生に、就職の面接を受ける前に、かならずその会社の財務データを分析して、収益性や安全性を調べるように勧めている。破綻が近いような会社に就職することだけは避けさせたいからである。

学生なら、将来、会社に勤めるだけでなく、資格を取って自分で仕事を始めるとか、親の仕事を引き継ぐとか、いろいろな道がある。

どんな道を選ぼうとも、経済社会で生活する以上、誰かと経済的な取引をする。たとえば、商品を仕入れたり販売したりする、製品を納入する、資金を借りたり貸したりするなど、どんな場合でも、相手となる企業のことを知っておく必要がある。

銀行や保険会社に就職すれば、資金の融資先や投資先を選定するために、会社を分析する仕事が待っている。

証券会社が投資先として推奨する会社を選ぶためにも、それぞれの会社が余裕資金を運用するために株や社債を買うためにも、会社を分析することが必要である。だから、就職する会社を選ぶためにも、就職した後も、向かいの会社やとなりの会社をいつも分析する必要があるのである。

「うちの会社」と「となりの会社」を比べてみよう

「うちの会社」はもうかっているのだろうか。

「となりの会社」は景気が良さそうだけど、うちと比べて、どうなんだろうか。

仕入れた商品は、適正な価格で売られているのだろうか、従業員に支払っている給料は業界の平均と比べて高いのだろうか低いのだろうか、あの会社の製品はちっとも売れていないようだけど別の事業でもうけてるのだろうか。

会社の会計データを分析すれば、こうした疑問には簡単に答えがだせる。第4章では、となりの会社と比較するテクニックを紹介しているので、本書を読み終えたら、ぜひ、となりや向かいの会社を分析してみていただきたい。

第2章

会社を分析するにはなにを用意すればよいか

会社を分析するためには、（1）会社が作成して社会に公表している経営内容や会計に関するデータ、（2）会社が公表したデータを使いやすいように加工・分析した二次データ、（3）業界の平均や同業他社などの比較数値、（4）会社や業界に関する情報・製品に関する情報、などが必要である。

以下、これを簡単に説明し、さらにこうした情報やデータをどこで手に入れられるかを紹介することにする。

なお、本章の話は、経営分析を行う下準備であり、経営分析の技法を学ぶうえで必須の知識というわけではない。したがって、次章以下を先に読んでから、必要に応じてここに戻ってきてもかまわない。

会社が作成するデータ（一次データ）

―株式会社―

株式会社の場合は、会社法の規定により、決算期ごとに計算書類（財務諸表とほぼ同じ）

図表2―1　会社法による決算公告（ひな型）

第 52 期 決 算 公 告

平成19年8月30日　神戸市中央区北長狭通5丁目4番3号
株式会社日本官報販売所
代表取締役　日本　太郎

貸借対照表の要旨（平成19年5月31日現在）（単位：百万円）

資産の部		負債及び純資産の部	
流動資産	6,005	流動負債	6,000
固定資産	4,000	固定負債	2,000
有形固定資産	3,500	負債合計	8,000
無形固定資産	300	株主資本	2,005
投資その他の資産	200	資本金	1,560
		資本剰余金	200
		資本準備金	200
		利益剰余金	245
		利益準備金	40
		その他利益剰余金	205
		純資産合計	2,005
資産合計	10,005	負債・純資産合計	10,005

損益計算書の要旨
自平成18年6月1日
至平成19年5月31日
（単位：百万円）

科目	金額
売上高	6,000
売上原価	4,000
売上総利益	2,000
販売費及び一般管理費	1,200
営業利益	800
営業外収益	100
営業外費用	50
経常利益	850
特別損益	△50
税引前当期純利益	800
法人税、住民税及び事業税	350
当期純利益	450

を作成し、本店や支店に備え置くことになっている。株主や債権者は、こうした書類を閲覧したりコピーをとったりすることができる。

また、株式会社は、貸借対照表（大規模会社は損益計算書を含む）またはその要旨を、日刊紙や官報において公告することになっている。ただし、実際に公告しているのは、大規模会社だけである。図表2―1は、会社法の規定に従って、貸借対照表と損益計算書の要旨を官報にて公告する場合のひな型である（大会社の場合）。インターネット（ホームページ）を使って決算公告することもできる。

―上場会社―

証券取引所に上場しているような大規模会社の場合は、会社法の規定による情報公開に加えて、金融商品取引法の規定により、決算期ごとに、財務諸表を収容した「有価証券報告書」を作成し、これによって企業の活動内容を開示することが義務づけられている。

上場会社が開示する有価証券報告書は、公開されている企業情報としては、もっとも詳しい。経営者による営業状況の説明や生産計画、設備投資計画などが明らかにされているし、会計情報は公認会計士や監査法人の監査を受けていることから、他の情報源よりも信頼性が高い。

有価証券報告書は、証券取引所の閲覧室で閲覧できるし、会社に直接請求すれば、無料で分けてくれる会社も多い。

最近では、インターネット上のホームページで決算公告や財務情報を公開する会社も増えてきた。上場会社の場合には、インターネットで、「EDINET」と入力すれば、各社の決算情報にアクセスすることができる。

―非上場会社―

上場していない会社の情報を企業外部者が入手するのは、その会社の株主・債権者になるか、会社の好意によって「事業報告」などを手に入れるか、会社以外のルートから入手するしか手はない。

会社以外のルートについては、後で詳しく紹介する。

加工・分析されたデータ（二次データ）

―上場会社―

上場している会社が開示する有価証券報告書を、第一次データまたは未加工データとすれば、これをもとにして要約財務諸表を作ったり諸比率を計算したデータは、第二次データまたは加工データと呼んでよい。

そうした第二次データとして一般に使われている主なものを紹介する。

日本経済新聞社『日経経営指標（全国上場会社版）』

日経のNEEDS（総合経済データバンク・システム）に蓄積された上場会社のデータを、会社別に加工・編集したもの。

—非上場会社—

日本経済新聞社『日経経営指標（店頭・未上場会社版）』

未上場の中堅会社約六、〇〇〇社について会社別に実数値・財務比率を収録したもの。非上場会社のデータは一般に入手が困難であり、本書は貴重な存在である。ただし、法律制度による開示情報ではない。

中小企業庁『中小企業の経営指標』

建設業、製造業、販売業、サービス業のうち、主として中小企業によってその生産（加工）または販売が行われているものを調査対象業種とし、企業の経理が比較的整備されている企業群から、資本金と従業員数を条件に選定・集計した業種別データである。本書の姉妹書として『中小企業の原価指標』がある。

ＴＫＣ全国会システム委員会『ＴＫＣ経営指標』

ＴＫＣ（会計事務所を地盤とする情報処理サービスの会社）の会員となっている公認会計士・税理士約五、〇〇〇名が税務の相談を受けている約四〇万企業から、一〇万程度の法人の財務諸表を抽出し、業種別に分析したもの。本書の財務データは、税理士・会計士が顧客から入手したコンピュータ入力データである。

帝国データバンク『全国企業財務諸表分析統計』

同社が独自に収集・蓄積した五八万社のデータベースにより、規模別・産業別に財務比率平均を掲載したもの。

―会社や業界の情報―

企業が置かれている状況を知るには、単にその会社の事情だけでなく、産業界・日本経済さらには国際的な政治や経済の動きに関する情報も必要とすることが多い。そうした情報は、新聞、テレビ・ラジオ、雑誌などから得られる場合も少なくない。

とりわけ、日本経済新聞、日経産業新聞、日刊工業新聞などの専門紙、週刊ダイヤモンド、週刊東洋経済、プレジデント、NIKKEI BUSINESSなどの経済誌は、会社情報・業界情報の宝庫である。

また、季刊の日経会社情報、会社四季報は、証券取引所に上場している会社（外国会社を含む）の他、上場予定会社、店頭銘柄会社など、約三、〇〇〇社の業績、財務指標、大株主、売上構成などをコンパクトな形で収録しており、比較的タイムリーに出版されることから、利用価値が高い。

この他にも、決算数値を速報するもの、美容業・クリーニング店・旅館業・病院・外食産業・倉庫業などの特殊な業種の経営指標を収録したもの、付加価値の分析などに特化したもの、国際比較のためのデータを収録したもの、などがある。これらのデータや資料については、つぎの文献を参照されたい。

田中　弘著『経営分析の基本的技法（第四版）』中央経済社

第3章
会計データはどのようにして作られるか

財務諸表とはなにか

図表3—1　財務諸表の種類

企業（法人単位）ごとに作成する財務諸表

貸借対照表
損益計算書
キャッシュ・フロー計算書
株主資本等変動計算書
附属明細表

企業集団が作成する財務諸表

連結貸借対照表
連結損益計算書
連結キャッシュ・フロー計算書
連結株主資本等変動計算書
連結附属明細表

会計データは、一般的に「財務諸表」によって公表される。財務諸表には図表3—1にあるように、いくつかの種類がある。

財務諸表のなかでも、とりわけ「貸借対照表」と「損益計算書」に重要な会計データが記載されている。会計データのもととなる取引データは「簿記」という一連の加工手続きのなかで仕訳帳《しわけちょう》、元帳《もとちょう》などの帳簿に記録されて会計データに加工されていく。この会計手続きの終着点に貸借対照表と損益

図表3―2　会計手続きの流れ

企業の経済活動・事象

↓

取引データの認識 ＝ 勘定科目・金額・増減を把握。

↓ 起票

伝票 ＝ 入金・出金・振替・仕入・売上伝票に記録。

↓ 仕訳

仕訳帳 ＝ 取引データを日付順・発生順に記録。

↓ 転記

元帳 ＝ 取引データを勘定科目ごとに整理・記録。

↓ 決算

合計・残高試算表 ＝ 取引データを勘定科目ごとに集計して会計データに変換。

↓ 決算整理・修正

決算整理後（修正後）残高試算表 ＝ 収益・費用データを会計期間に応じて整理。過去の記録である資産・負債・純資産データを決算時の事実に合わせて修正。

↓

財務諸表（貸借対照表・損益計算書） ＝ 会計データの一覧表として、複数年度間、同業他社との間の比較が可能な形で作成。

図表3—3　任天堂の貸借対照表（2006年度）

貸借対照表

2007年3月31日　　（単位：百万円）

〔資産の部〕	
Ⅰ　流動資産	
1　現金及び預金	796,140
2　受取手形	1,517
3　売掛金	192,654
4　有価証券	55,990
5　商品	297
6　製品	13,958
7　原材料	5,146
8　仕掛品	267
9　貯蔵品	563
10　前払費用	2,156
11　繰延税金資産	22,002
12　短期貸付金	24,210
13　未収入金	56,856
14　その他	9,108
15　貸倒引当金	△ 2
流動資産合計	1,180,869
Ⅱ　固定資産	
1　有形固定資産	
(1)　建物	12,631
(2)　構築物	283
(3)　機械及び装置	271
(4)　車両運搬具	39
(5)　工具器具備品	3,037
(6)　土地	25,077
有形固定資産合計	41,341
2　無形固定資産	
(1)　特許権	48
(2)　商標権	2
(3)　ソフトウェア	286
(4)　その他	0
無形固定資産合計	337
3　投資その他の資産	
(1)　投資有価証券	84,992
(2)　関係会社株式	22,185
(3)　関係会社出資金	10,419
(4)　従業員長期貸付金	37
(5)　破産債権、更生債権その他これらに準ずる債権	10
(6)　長期前払費用	3,541
(7)　繰延税金資産	10,434
(8)　長期性預金	11,805
(9)　その他	303
(10)　貸倒引当金	△ 10
投資その他の資産合計	143,719
固定資産合計	185,398
資産合計	1,366,267

〔負債の部〕		
Ⅰ　流動負債		
1　支払手形		4,140
2　買掛金		75,932
3　未払金		10,900
4　未払費用		8,373
5　未払法人税等		42,440
6　前受金		228
7　預り金		755
8　賞与引当金		1,732
9　設備関係支払手形		40
10　その他		1,115
流動負債合計		145,659
Ⅱ　固定負債		
1　長期未払金		844
固定負債合計		844
負債合計		146,503
〔純資産の部〕		
Ⅰ　株主資本		
1　資本金		10,065
2　資本剰余金		
(1)　資本準備金	11,584	
(2)　その他の資本剰余金	2	
資本剰余金合計		11,586
3　利益剰余金		
(1)　利益準備金	2,516	
(2)　その他の利益剰余金		
固定資産圧縮積立金	40	
別途積立金	860,000	
繰越利益剰余金	209,368	
利益剰余金合計		1,071,925
4　自己株式		△155,396
株主資本合計		938,181
Ⅱ　評価・換算差額等		
1　その他有価証券評価差額金		8,895
評価・換算差額等合計		8,895
純資産合計		947,076
負債純資産合計		1,366,267

図表3－4　任天堂の損益計算書（2006年度）

損益計算書

自2006年4月1日至2007年3月31日　（単位：百万円）

Ⅰ	売上高		
1	製品売上高	877,290	
2	商品売上高	21,349	898,639
Ⅱ	売上原価		
1	期首製品たな卸高	2,746	
2	期首商品たな卸高	187	
3	当期製品製造原価	564,362	
4	著作権使用料等	23,921	
5	当期商品仕入高	20,085	
6	他勘定受入高	41	
	合計	611,345	
7	他勘定振替高	582	
8	期末製品たな卸高	13,958	
9	期末商品たな卸高	297	596,507
	売上総利益		302,132
Ⅲ	販売費及び一般管理費		
1	発送配達費	6,488	
2	広告宣伝費	22,390	
3	従業員給料諸手当	5,021	
4	賞与引当金繰入額	607	
5	減価償却費	1,035	
6	諸負担金手数料	4,876	
7	研究開発費	38,380	
8	貸倒引当金繰入	0	
9	その他	11,043	89,843
	営業利益		212,288

Ⅳ	営業外収益		
1	受取利息	24,055	
2	有価証券利息	2,435	
3	受取配当金	543	
4	仕入割引	433	
5	為替差益	23,131	
6	その他	1,823	52,423
Ⅴ	営業外費用		
1	売上割引	1,233	
2	その他	75	1,308
	経常利益		263,403
Ⅵ	特別利益		
1	貸倒引当金戻入額	2,942	
2	固定資産売却益	252	
3	投資有価証券売却益	891	4,056
Ⅶ	特別損失		
1	固定資産処分損	51	
2	投資有価証券評価損	335	
3	関係会社株式評価損	1,679	2,067
	税引前当期純利益		265,392
	法人税、住民税及び事業税	112,221	
	過年度法人税等	17,798	
	法人税等調整額	△7,371	122,648
	当期純利益		142,743

計算書がある（図表3―2参照）。

貸借対照表（バランス・シート：Balance Sheet：B/S）は、一定時点（ふつうは期末）における会社の財務状態（財政状態）を示す財務諸表で、会計期間の末日にあたる年度末の会社の資産、負債および純資産（資本）の有り高が記載してある。

損益計算書（Profit and Loss Statement：P/L）は、一定期間（一般的には一年）の会社の経営成績を示す財務諸表で、会計期間中の収益と費用の累積額を一枚の表のうえに分けて記載し、当期純損益（利益または損失）を算出することによって会社の活動の状況を示している。

会計期間というのは、通常は一年だが、タイムリーな情報開示に対する要求の高まりから、最近では一年にあたる年次《ねんじ》だけでなく四半期《しはんき》つまり三か月や、月次《げつじ》つまり一か月という期間が採用されることもある。

貸借対照表と損益計算書には弱点もある。取引データ処理における一定の処理手続きを経てそれらの財務諸表は作成されるが、その処理手続きの詳細や、会計データに取り込んでしまった取引データの詳細は、それら二つの財務諸表からはわからない。そこで、これを補足し詳細な情報を開示するのが各財務諸表に対する「注記」と「附属明細表（附属明細書）」である。

なお、証券市場に上場している株式会社は、金融商品取引法上の財務諸表と会社法上の計算書類の両方を作成しなければならない。だが、その内容は、ほぼ等しいと考えてよい。

また、会社法では計算書類以外に事業報告と呼ばれる書類を作成することが義務づけられているが、これには業務に関する記事が記載されており、計算書類とは少し性格が違う。

現在、会社によっては簿記、会計に関する手続きはすべてコンピュータ処理化してしまっており、伝票、仕訳帳、元帳などにお目にかかることはないというところもあるが、たとえコンピュータ処理化しても、違いは人間の手で行うか、機械に任せるかだけであって、基本的な処理プロセスに違いはない。

財務諸表はなぜ必要か

会社、とくに株式会社の形態をとる会社には、出資者や債権者だけではなく、取引先、従業員、消費者、課税当局など、たくさんの利害関係者がいる。さらには、これからその会社と取引を始めようとしている者、その会社に資金を提供しようとしている将来の出資者、債権者もいる。

出資者のことを株式会社では株主という。これら株主は出資した持分《もちぶん》の価値が高まっているか、配当などの見返りがどの程度期待できるかについて関心をもっている。

債権者は融資した元本の返済がきちんと受けられるかどうか、利息が約定どおり支払われるかどうかに関心をもっている。

取引先は販売取引、仕入取引が継続的に行われるかどうか、販売代金を支払ってもらうことができるかどうかに関心をもっている。

従業員は給与・賃金や賞与などの報酬、住宅手当や家族手当などの諸手当、退職一時金や退職年金などの退職給付をきちんと支払ってもらうことができるかどうかに関心をもっている。

消費者は価格の妥当性、課税当局は納税額の妥当性に関心をもっている。

これらの利害関係者の情報ニーズを満たすためには、会社の経営成績および財務状態を示す情報源としての財務諸表が必要となる。会社は、こうした利害関係者のすべてを納得させるような、真実で適正な情報を提供する必要がある。

また、財務諸表は簿記を含めた会計という取引データの加工手続きを経て作成されるが、会社のなかでは会計手続きを行うこと自体が、経営者が出資者や債権者から提供された資金などを管理、運用するうえでの統制の役割を果たしている。その統制の機能は、財務諸表によって経営の結果が会社の利害関係者に公表されることによって初めて有効に機能する。

分かりやすくいえば、子どもの小遣い帳と同じだ。親が子どもに小遣い帳をつけさせることがある。親はときどき小遣い帳を確かめようとする。それで親は子どもがどのようなお金の遣いかたをしているか知ることができるが、効果はそれにとどまらない。子どもは間違った遣いかたをすれば親に知られて叱られる。小遣いを減らされる。だから叱られるような遣いかたをしないように心がける。親は小遣い帳を通じて子どもがムダ遣いや間違った遣いかたをしないように牽制しているのである。それは小遣い帳をつけさせるだけではダメで、親がときどき確かめるようにしなければ効果がない。

これらのような理由から、わが国では、会社法、金融商品取引法などが、年度末や半期や四半期ごとに、決算を行わせて財務諸表を開示することを義務づけている。

ただし、会社法にもとづく情報開示は、出資者、債権者という限定された一部の利害関係者に対象が限られている。したがって、会社法の定めにもとづいて新聞紙上やインターネット上で公告される簡単な財務諸表の要旨（一五頁参照）をのぞけば、金融商品取引法の適用を受けない会社の情報開示は会社の自主性に期待するしかない。

財務諸表はだれが作成するか

財務諸表は、取締役が作成する。取締役とは法律（会社法）の用語で、つまりは経営者のことである。実際には、大規模の会社では経理部が、また中規模、小規模の会社では公認会計士や税理士が経営者に代わって伝票などの記録をもとに作成しているのが通常だが、法律上では経営者が作成しなければならないことになっている。

つまり法律は、財務諸表の作成に対して経営者が責任をもつことを要求している。責任をもって会計手続きを行わせ、財務諸表を作成させることによって、経営者が管理者、運用者として資金や財産を注意深く、さらに忠実に管理、運用するようになり、また、利害関係者に対して納得のいく情報の提供を行うようになる。

したがって、経営者が責任をもって財務諸表を作成するということが、利害関係者が会計データを信頼して利用するうえでの大前提となっているといえる。

財務諸表の信頼性はだれがチェックするか

財務諸表は無条件で信頼できるものではない。会計手続きは記録と慣習と判断から成り立っている。記録だから間違いが入りこむ余地があるし、また記録がつけられたときから財務諸表が作成されるまでには時間が経過し、記録と事実とが一致しなくなることがある。慣習は必ずしも合理性をもっているわけではないし、会計処理や表示の方法には選択に幅があり、そこに作成者としての経営者の判断が入りこむ。

財務諸表の作成に対しては経営者が責任を負う。その一方で、財務諸表は経営者の経営活動の成果を報告する書類でもある。そうした意味では、学生に成績表を自分で作成させるようなもので、悪いことは書きたくないというのが人情だ。しかし、よい成果が出たときはよいなりに、悪いときにも悪いなりに、約束事を守って財務諸表を作成し、信頼できる報告をしてもらう必要がある。

そこで、財務諸表の信頼性について、経営者や利害関係者に対して客観的な立場（これを独立性という）にある者がチェックをする必要がある。

そのようなチェックのことを監査という。とくに会社に対して特別な利害関係をもたない第三者が行う監査を外部監査というが、それを職業とする公認会計士という専門家集団がいる。わが国では、金融商品取引法と会社法にもとづく公認会計士または監査法人（五名以上の公認会計士によって設立された法人）による監査が制度として行われている。

監査を行うのがなぜ公認会計士なのかというと、公認会計士は会計と監査に関する専門的知識と技能をもち、さらに第三者としての独立性と社会的な倫理性をもつからだ。

ただし、このような公認会計士、監査法人による監査が法律の定めにもとづいて制度的に義務づけられて行われているのは、上場会社や、資本金が五億円以上あるかまたは負債総額が二〇〇億円以上ある株式会社だけである。それ以外の会社は、海外の取引先に監査を受けることを要求されたときなどに任意で監査を受けることがある場合を除けば、ほとんど外部の監査を受けることはない。

ところが、会社が納税申告をするにあたっては、わが国では課税に関する法律が複雑なため、税理士や公認会計士に財務諸表を含めた納税申告のための書類を代わりに作成してもらう必要がある。これは監査を受けることが制度的に義務づけられていない会社についても同様であり、わが国の会社は一般に財務諸表の作成に対して税理士や公認会計士の関与を受けている。解釈の仕方によっては、それが監査の代替的役割を果たしているとも考えられる。

また、二〇〇六年五月に施行された会社法で、取締役に協力して財務諸表を作成する会計参与という制度が導入された。会計参与には、公認会計士、監査法人、税理士、税理士法人が就任することになっている。

ただし、それらは監査とは異なり、財務諸表の信頼性がチェックされていることに対する法律的な裏づけや保証はない。

財務諸表を作るときの約束事はなぜ必要か

財務諸表を作るときは一定の約束事を守らなければならない。

この約束事とは、会計処理の原則、手続き、表示の方法に関する規範だが、わが国では会社法の計算等規定、会社法施行規則、会社計算規則、「財務諸表等の用語、様式及び作成方法に関する規則」（財務諸表等規則）、「連結財務諸表の用語、様式及び作成方法に関する規則」（連結財務諸表規則）、企業会計原則、連結財務諸表原則、企業会計基準などの会計規範がこれにあたる。

会社の利害関係者が会計データを利用するには、財務諸表の情報内容と質を統一したり最適化したりすることが必要である。そのため、これらの会計規範が設けられる。

会計データを利用するときの有効な方法は会計データ相互の比較だが、これには、①一つの会社の単年度の財務諸表の会計データ相互の比較、②一つの会社の複数年度にわたる財務諸表の会計データの比較、③複数の会社の単年度の財務諸表の会計データの比較、④複数の会社の複数年度の平均財務諸表の会計データの比較がある。

②、③、④の比較の場合、毎会計年度、複数のどの会社からも、ある程度均一の情報内容、均一の質の財務諸表が公表されている必要がある。したがって、会計規範によって財務諸表の情報内容と質を統一することが要求される。

さらに財務諸表の会計データは会社の経済活動、事象のなかに存在する取引データを取り込み、集約、整理、修正して作成するが、どのような取引データを、どのようなタイミングで取り込むか、また、どのような方法で集約、整理、修正するか、慣習的に認められてきた選択の幅のあるなかから、利害関係者の情報ニーズにもっとも適った方法を選んで行わなければならない。

しかし、このような選択を財務諸表の作成責任者である経営者に全面的に委ねてしまうと、現実の情報ニーズにかまわず、いたずらに経営者自身にとって都合のよい方法を選択させてしまう恐れがある。

また、多様な利害関係者の情報ニーズは必ず一致するとは限らないので、一定のところで折り合いをつけてルールとしなければならない。そうしたことから、どこの国でも、財務諸表を作るときの会計規範を、法またはそれに準じたルールによって明示している。

会社法の計算等規定・会社法施行規則・会社計算規則

会社法では、第二編「株式会社」の第五章「計算等」において、すべての株式会社が作成すべき会計帳簿と計算書類に関する規定（四三一条から四四四条）を設けて、株式会社の会計に関して、株主の利益の保護、債権者の権利の保護、株主と債権者の利害関係の調整などの観点から規制を行っている。株式会社が決算時に作成する計算書類（財務諸表）はこれらの規則に従って作成される。

会社法施行規則は、株式会社が決算時に作成する事業報告（事業報告書）について、また会社計算規則は、株式会社が毎日記帳する会計帳簿や、決算時に作成する貸借対照表、損益計算書、株主資本等変動計算書、附属明細書などについて、その記載・記録の方法を定めている。

金融商品取引法と財務諸表等規則・連結財務諸表規則

金融商品取引法が適用される大規模な会社（主に、証券取引所に株式や社債を上場している会社）は、毎期、有価証券報告書を作成して、これを内閣総理大臣と証券取引所に提出しなければならない。この有価証券報告書は金融庁や証券取引所において閲覧することができ、有価証券報告書総覧として市販され、またインターネットでも公開されている（一五頁参照）。

財務諸表等規則、連結財務諸表規則は、この有価証券報告書に収容される財務諸表の作成方法などを定めたものである。会社計算規則はすべての株式会社に適用される規則であるため、やや大まかな規定にとどまっているが、財務諸表等規則は、国民経済に大きな影響を与えうる大規模な会社に適用されるため、規定はかなり詳細になっている。

企業会計原則・連結財務諸表原則・企業会計基準

会社法や金融商品取引法は、その法の目的のために必要な範囲で規定を設けているだけであるから、財務諸表を作成するためには十分ではない。そこでこれらを補完するものとして企業会計原則、連結財務諸表原則、企業会計基準が必要となる。

企業会計原則は、企業会計の実務において慣習として発達したもののなかから、一般に公正妥当と認められたものを要約して、会計処理および報告の基準としてまとめたものである。一般原則、損益計算書原則、貸借対照表原則からなり、さらに、これらを補足するために「企業会計原則注解」がある。

企業会計原則は法令ではないが、公認会計士が財務諸表の監査を行うときの重要な判断基準とすべきもので、もし経営者が財務諸表を作成するうえで企業会計原則を順守していないときは、監査人である公認会計士は監査報告書を通じて、その旨を世の中に公表しなければならない。

会計原則に違反していると指摘された監査報告書（「限定意見付監査報告書」とか「不適

正意見監査報告書」という）が公表されると、会社の資金調達を困難にさせ、存続自体をも危うくさせる可能性があるため、会社にとって大きな脅威となっている。

つまり、サッカーにたとえれば、企業会計原則はルールブックで、公認会計士は審判にあたり、ルール違反に対してはイエローカード、レッドカードに相当する限定意見付監査報告書、不適正意見監査報告書を提示することになるのである。

なお、公認会計士の監査を受けない会社でも、会社法の規定（四三一条）で「株式会社の会計は、一般に公正妥当と認められる企業会計の慣行に従うものとする。」とされているが、その「一般に公正妥当と認められる企業会計の慣行」には企業会計原則が含まれている。

近年、連結財務諸表の重要性がつよく認識されるようになったことにともない、一九七五年に連結財務諸表原則が定められ、さらに一九九七年に同原則の大規模な改訂が行われている。

この一九九七年の改訂にもとづき、金融商品取引法（当時は証券取引法）が適用される大会社の場合、一九九九年四月一日以後開始する会計年度から全面的に、個別財務諸表（単独財務諸表ともいう）にかわって連結財務諸表を主たる財務諸表とする情報開示制度へと移行した。また、会社法でも、個別計算書類と並び連結計算書類についての規定が設けられていて、大会社で金融商品取引法の適用される上場会社は、連結計算書類を作成することが義務づけられている。

また、二〇〇一年七月に、従来の政府系の企業会計審議会に代わって企業の会計基準の設定を行うための民間機関として「企業会計基準委員会」が設立され、現在の会計基準は、この委員会から「企業会計基準」として公表されている。

企業会計原則の一般原則

一般原則というのは、損益計算書原則と貸借対照表原則に共通する原則であり、財務諸表の作成に関する普遍的な約束事であるといえる。一般原則には、つぎの七項目が掲げられている。

①　真実性の原則

「企業会計は、企業の財政状態及び経営成績に関して、真実な報告を提供するものでなければならない。」

② 正規の簿記の原則

「企業会計は、すべての取引につき、正規の簿記の原則に従って、正確な会計帳簿を作成しなければならない。」

③ 資本取引・損益取引区別の原則

「資本取引と損益取引とを明瞭に区別し、特に資本剰余金と利益剰余金とを混同してはならない。」

④ 明瞭性の原則

「企業会計は、財務諸表によって、利害関係者に対し必要な会計事実を明瞭に表示し、企業の状況に関する判断を誤らせないようにしなければならない。」

⑤ 継続性の原則

「企業会計は、その処理の原則及び手続を毎期継続して適用し、みだりにこれを変更してはならない。」

⑥ 保守主義の原則

「企業の財政に不利な影響を及ぼす可能性がある場合には、これに備えて適当に健全な会計処理をしなければならない。」

⑦ 単一性の原則

「株主総会提出のため、信用目的のため、租税目的のため等種々の目的のために異なる形式の財務諸表を作成する必要がある場合、それらの内容は、信頼しうる会計記録に基づいて作成されたものであって、政策の考慮のために事実の真実な表示をゆがめてはならない。」

さらに、一般原則には加えられていないが、第八の一般原則ともいえるものが企業会計原則注解注1にある重要性の原則である。

⑧　重要性の原則

「企業会計は、定められた会計処理の方法に従って正確な計算を行うべきものであるが、企業会計が目的とするところは、企業の財務内容を明らかにし、企業の状況に関する利害関係者の判断を誤らせないようにすることにあるから、重要性の乏しいものについては、本来の厳密な会計処理によらないで他の簡便な方法によることも正規の簿記の原則に従った処理として認められる。

重要性の原則は、財務諸表の表示に関しても適用される。」

損益計算書はどのようにして作られるか

一会計期間の損益を計算する方法には財産法と損益法の二つがある。

資産（積極財産）から負債（消極財産）を差し引いた残高を純資産（純財産）というが、期首の純資産と期末の純資産とを比較して、増加した分を利益とするのが財産法である。この場合、増資や減資は計算から除く。なお、財産法は純財産増加説ともいう。

一方、損益法は、期中の経営の成果である収益の合計から経営の努力である費用の合計を差し引いて残りがあればこれを利益とし、マイナスが出ればこれを損失とする方法である。

財産法は、実際の財産というストック（蓄積）の増加を確認してこれを利益とするが、損益法は、一定期間に生じた収益と費用というフロー（流入・流出）どうしを比較して、アウトフロー（費用）よりもインフロー（収益）のほうが大きいとき、これを利益と見なす。

財産法は計算が確実であり、株主にとって分配可能な利益の存在を目で確かめられ、最近もてはやされている時価主義会計が可能である点ではよいが、期中にどのような営業活動が行われたか、財務活動は効率的であったか、資産の管理は適切であったかというような経営

図表3－5　損益計算書の計算プロセス

	損益計算プロセス		利益が出る場合	損失が出る場合	
①	売上高		100	80	
②	売上原価		70	70	
③	売上総損益	(＝①－②)	30	10	＝粗利益《あら》
④	販売費及び一般管理費		10	15	
⑤	営業損益	(＝③－④)	20	△5	＝本業による損益
⑥	営業外収益		15	10	＝資金調達・運用の収支
⑦	営業外費用		10	15	
⑧	経常損益	(＝⑤＋⑥－⑦)	25	△10	＝今年の経常的な損益
⑨	特別利益		5	0	＝臨時・異常な損益
⑩	特別損失		4	10	
⑪	税引前当期純損益	(＝⑧＋⑨－⑩)	26	△20	
⑫	法人税・住民税・事業税		13	0	
⑬	当期純損益	(＝⑪－⑫)	13	△20	＝株主にとっての今年の損益

損益＝収益－費用
（損益＝利益または損失　収益＞費用なら利益　収益＜費用なら損失）

プロセスで経営者を評価することができない。

現在のわが国の会計制度では、経営者の経営プロセスがわかりやすい損益法にもとづいて損益計算書は作成されている。とくに「本業によるもうけ」を表す営業損益、「主たる営業以外の経営活動によるもうけ」である営業外損益を加減した経常損益が経営成績の主な指標とされている。

なお、特別利益、特別損失というのは、毎期計上されるわけではない臨時または異常な利益や損失をさすが、近年の特徴としては、余剰人員の削減や遊休の土地、建物、生産設備を処分するための費用、有価証券の評価損が特別損失のなかみを占めていることだ。この特別損失が大きく計上された企業は、一時的には経営成績が大きく落ち込むが、その後の経営成績は回復し、いわゆるV字回復というのを示す。つまり、この特別損失は過剰投資のツケを払っているようなものだ。

収益・費用はどうやって測定するか

今日の損益計算は損益法で行われるから、損益を正確に計算するためには、経営の成果としての収益と経営の努力としての費用を一定の基準に従って測定する必要がある。

費用・収益を会計データとして計上し測定する方法には、発生主義、実現主義の二つの方法がある。

これら以外にも、現金の収入があればその期の収益とみなし、支出があればその期の費用とみなす方法があり、これを現金主義という。今日の会計は便宜的に会計期間を区切ってその期間における経営者の経営責任を問うかたちで行われるが、現金の収入・支出が生じても、その原因となる経営者の経営活動と期間的に一致しないことがあるため、この方法は採用されていない。

ある期間の収益と費用を、現金の収支からいったん離れて、それらが発生する原因となる経営者の経営活動が行われたという事実にもとづいて計上する方法を発生主義という。収益と費用は、この発生主義にもとづいて計上するのが原則である。

しかし、当期の収益や費用は必ず当期の現金の収支をともなうとは限らない。そのため、慎重を期して、とくに収益は商品を引き渡すなど、代金の受け取りがかなり確実化したときに実現したものとみなして計上する。これを実現主義という。

なお、今日の会計は便宜的に会計期間を区切ってその期間における経営者の経営責任を問うかたちで行われるといったが、そのために、期間内の経営者の経営活動の成果である収益と、その成果を達成するために経営者が払った代償である費用に関して期間的な対応を図ることが行われる。これを費用と収益の対応といい、このような考え方を基本的なルールとすることを費用収益対応の原則という。

しかし、建物や備品の取得、特許権の獲得などに要した費用は、複数期間にわたって収益に貢献することがわかっていながら、その貢献した額を正確に測定することができない。このような場合は便宜的に費用の総額を一定の期間に一定額ずつ割り振ったり、費用総額に一定の比率をかけて算出した額を数期間に割り振ったりする。この方法を、費用配分といい、基本的なルールとして費用配分の原則という。

貸借対照表はどのようにして作られるか

一定時点の会社の財務状態を示す財務諸表である貸借対照表は、左側（借方）に資産が、右側（貸方）に負債と純資産（資本）が記載されている。

資産金額合計と負債金額、純資産金額の合計とは一致するように作成される。

借方の「資産の部」では、資産をさらに流動資産、固定資産、繰延資産に三区分し、貸方の「負債・純資産の部」では、負債を流動負債、固定負債に区分し、純資産を株主資本、評価・換算差額等、新株予約権の三区分とし、さらにその株主資本を資本金、資本剰余金、利益剰余金などに区分する。

資産 ＝ 負債 ＋ 純資産

貸方の負債と純資産は会社の資金の調達源泉と法律的な持分関係を示し、借方の資産は会社の資金の具体的な運用状態を示している。

昔は、貸借対照表は財産の目録的な性格のものであったが、現在では、ある会計期間の損益計算書と次の会計期間の損益計算書を掛けつなぐための表としての性格が強い。つまり、ある期の支出費用のうち、その期の収益に貢献した支出は損益計算書に費用として計上され、次の期以降の収益に貢献する支出は資産として貸借対照表に計上されることになる。

したがって、貸借対照表を換金価値のある資産の一覧表として利用することは間違いであり、損益計算書に取り込まれなかった残存取引データの集積であると見るほうが適切である。

流動資産とはなにか

さきに資産は流動資産、固定資産、繰延資産に区分するといった。資産、負債の場合にいう流動、固定は、動産、不動産の違いとは異なり、土地に固定されているかどうかという物質的な性格によって区別されるのではなく、会計期間内における運用状況によって区別される。

流動資産は、流通業でいえば商品の仕入、代金支払、販売、代金回収の過程にあるもの、製造業でいえば原材料の仕入、代金支払、製造・加工、販売、代金回収の過程（これらを営業循環という）にあるもの（以上は営業循環基準による区別）、あるいは、現金もしくは決算日の翌日から起算して一年以内に現金化することのできるもの（以上は一年基準による区別）で、固定資産は、それ以外の資産をさす。

一方、流動負債は営業循環の過程にあるもの、あるいは一年以内に返済期限のくるもので、固定負債は、それ以外の負債をさす。

つまり、流動資産と流動負債とを比較することによって、その会社が負債を返済できる能力があるかどうかがわかるようになっている。この比率を流動比率といい、流動資産の残高が流動負債の残高の二倍以上あると十分な支払能力があるといわれている（一七八頁参照）。

費用の繰延べとしての資産

流動、固定の区別以外にも、会社が所有する資産は、会社債務の支払手段にできる貨幣性資産か、支払手段にできない非貨幣性資産かによる区別の仕方がある。

貨幣性資産は、現金、預金、売掛金、受取手形、短期貸付金、立替金、未収金などで、流動資産の一部であり、当座の支払手段とすることができるため当座資産ともいう。

非貨幣性資産を構成する主なものは費用性資産といわれるもので、流動資産に含まれる費用性資産と、固定資産、繰延資産に含まれる費用性資産とがある。

流動資産に含まれる費用性資産の主なものは、商品、製品、半製品、仕掛品、原材料、消耗品、資材（以上は棚卸資産といわれる）で、費用の支出であるが、資産として計上し、販売に応じて費用に振り替えられていくものである。ただし、固定資産に比べて売却処分が容易なので、支払能力を示す流動資産に含められるが、当座資産ほど支払手段としては確実ではない。

固定資産、繰延資産に含まれる費用性資産は、費用の支出があったものの、支出のあった期だけでなく、その後の数期にわたって収益の獲得に貢献することから、支出総額を後の期に繰り延べるためにいったん資産として計上したもので、あらためてその一部だけがその期の費用に振り替えられることになる。

このような資産の具体的なものは、建物・構築物、機械・装置、車両運搬具、工具・器具・備品（以上は有形固定資産といわれる）、特許権、工業所有権、商標権、のれん（以上は無形固定資産といわれる）、創立費、開業費、開発費、株式交付費、社債発行費等（以上は繰延資産といわれる）などである。

なお、いったん資産勘定に計上したものを、数期にわたって費用勘定に振り替えていくことを償却とか費用配分という。

資産はどうやって評価するか

貸借対照表に記載する資産の金額を決めることを「資産の評価」という。資産の評価の基準には、大きく分けて原価基準と時価基準とがあり、さらに時価が原価よりも低いときに時価まで切り下げる低価基準がある。

資産を取得（購入・製作）したときに支払った資産の価格と取得に要した付随費用の合計を取得価額または取得原価という。貸借対照表に記載する金額を、この取得原価を基準として評価する方法を原価基準といい、原則として資産評価を原価基準によって行う主義を原価主義という。

それに対して、購入市場や販売市場の現在の価格を基準として資産評価を行う方法を時価基準といい、原則として資産評価を時価基準によって行う主義を時価主義という。

会社法、企業会計原則など、わが国の会計制度は原価主義を採用している。

とくに会社法は、債権者に対する債権の保護の観点から、資産については換金価値を過大評価しないように時価よりも低い金額によって評価することを推奨し、一部の資産については低価基準を採用している。

つまり流動資産については、時価が取得原価を上回っている場合には、取得原価による評価を義務づける一方で、時価が取得原価より著しく低い場合、取得原価まで回復する見込みがないか、回復するかどうか不明なときは時価で評価することを義務づけ、回復する見込みがあるときは、任意で、時価によって評価をすることを認めている。

近年、時価会計の流行のなかで、一部の資産が時価で評価されるようになってきた。しかしながら、この時価による計上というのは含み損益（第15章参照）の一時的な解消という意味あいがつよい。実際に資産を換金することを目的としているのではないし、また計上された時価は期末の時点だけの時価であって、その後も同じ価値をもっていることを示すものでもない。

かつてわが国でも時価によって資産が評価されていた時代があった。だが、その時価評価というのは、実は時価以下の金額による評価だった。つまり時価以下の金額ならいくらで資産を評価してもよく、結果としてどの会社も時価よりも低い金額で資産を評価し、秘密準備金というわばナイショのヘソクリのようなものをつくった。これは債権者保護にはよかったが、株主の利益を侵害する。そこで、会社法は歯止めをかけるために取得原価主義を採用したという経緯がある。つまりゴマカシに使われやすいという弱点がある。

時価情報というと「そのときの価値」ということでタイムリーな情報のように聞こえるが、しょせん、財務諸表を作成したときの過去の情報にすぎない。財務諸表が公表されたとき、あるいは利用されるときに、作成のときよりも資産価値が上昇すれば見えない利益（含み益）が生じ、下降すれば見えない損失（含み損）が生じる。参考にはできるだろうが、情報としての質を過大評価してはいけない。

負債・純資産とはなにか

会社の資金には、返済の期限は定めず出資者に対して資本主としての会社の所有・支配を認めて調達する資金と、銀行・保険会社などから借り入れたり、社債券を通じて返済の期限と利息の支払いを定めて調達する資金とがある。前者を自己資本、後者を他人資本という。この自己資本が貸借対照表上の純資産にあたり、他人資本が負債にあたる。

負債の典型的なものは借入金や社債だが、この他にも、損益計算を適正に行うために計上される前受収益、未払費用、引当金なども負債に含まれる。

純資産には資本主（株式会社では株主）の拠出分である資本金と資本剰余金、会社法によって利益の一部の積立てが義務づけられている利益準備金、利益の未処分の部分であるその他の剰余金からなる利益剰余金によって構成される株主資本（このような分類は、会社法の前身の商法の債権者保護の思想にもとづいたものであって、会計的な情報としての意味は乏しい）と、有価証券の再評価による差額金や外国為替換算による調整額などからなる評価・換算差額等と、あらかじめ定められた価額で株式を交付する義務である新株予約権が含まれる。純資産は、伝統的には資本といわれてきて、今日でも簿記のテキストなどでは資本と書かれていることも多い。貸借対照表の貸方（右側）項目のうち負債を差し引いたものを会計学では資本ということもあれば純資産ということもあるのでいずれでも差支えはないが、会社法では純資産という表現を用いるよう決められている。会社法では、資本というと、株主資本または資本金のことを指すことになる。

貸借対照表・損益計算書の理解を促す試算表思考

貸借対照表、損益計算書は一連の会計手続きの終着点に位置するが、その手前の段階に合計・残高試算表の作成と決算整理がある（二三頁の図表3—2参照）。

とくに決算整理を終えた残高試算表を決算整理後残高試算表というが、これは貸借対照表と損益計算書に分離される前の表であり、左（借方）には資産と費用、右（貸方）には負債と純資産と収益の集計額が記載されている（次頁の図表3—6参照）。この試算表の下半分の費用、収益の部分が分離されて損益計算書になり、残りの資産、負債、純資産の部分が貸借対照表になる。

図表3—6の縦線の長さは金額を意味する。この図は長方形であるから、左の縦線と右の縦線の長さは一致する。つまり、資産金額と費用金額の合計と、負債金額、純資産金額および収益金額の合計は一致する。

図表3―6 決算整理後（修正後）残高試算表と貸借対照表・損益計算書

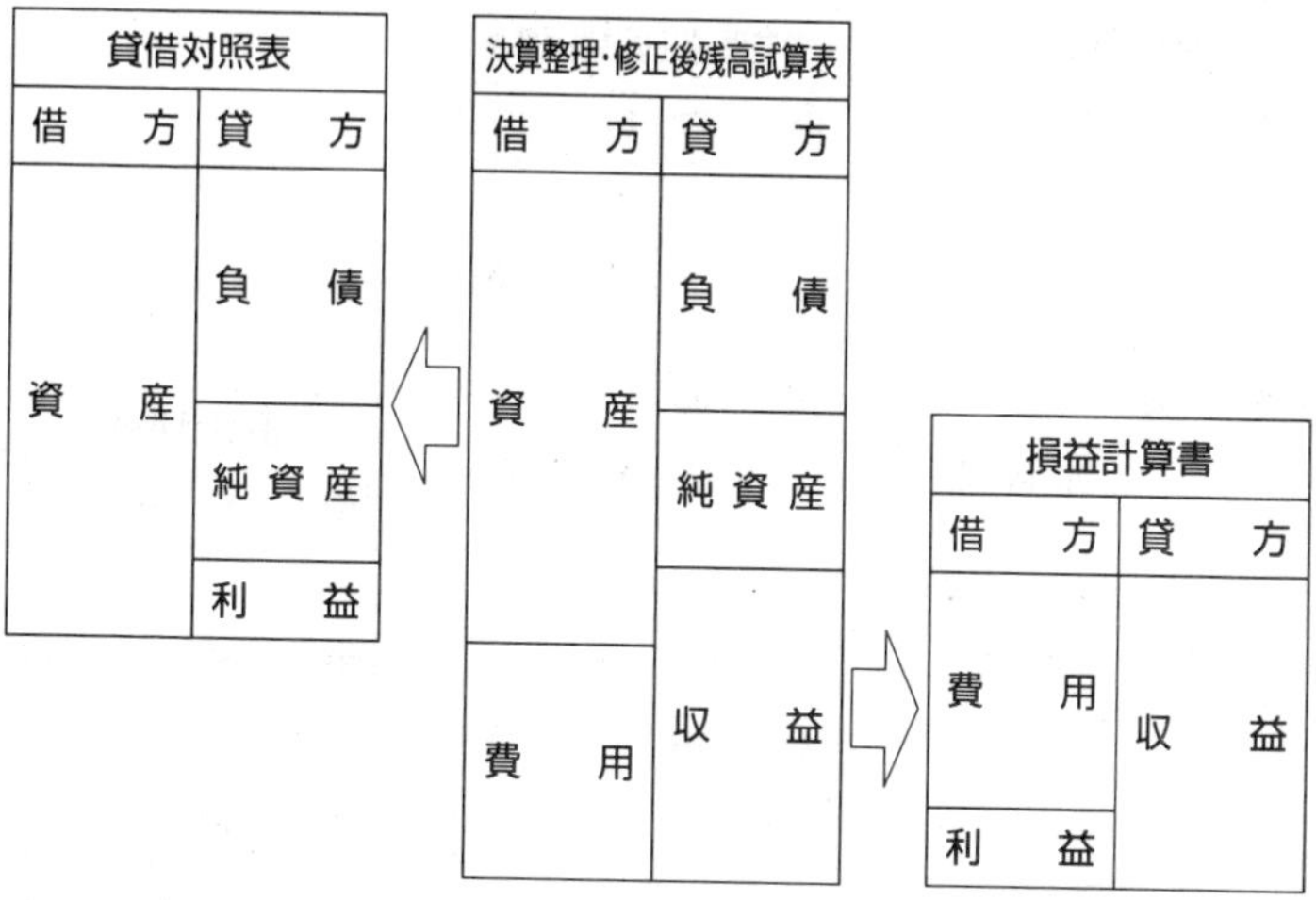

資産 ＋ 費用 ＝ 負債 ＋ 純資産 ＋ 収益

ところで、試算表の借方の資産と費用の境界線の位置、貸方の負債と純資産と収益の境界線の位置、あるいは左右の縦線の長さは、必ずしも厳格に定まっているものではなく、実は会計処理手続きの選択の仕方で上下に移動する。

現金支出を費用として処理するか（図表3―7参照）、資産として処理するか（図表3―8参照）、資産の価値減少や費用の発生を認識するか否か、資産の計上を所有権にもとづいて行うか経済的な効益やリスク負担をもとに行うか、資産の価値増

図表３―７　支出を費用として処理した場合の試算表・貸借対照表・損益計算書

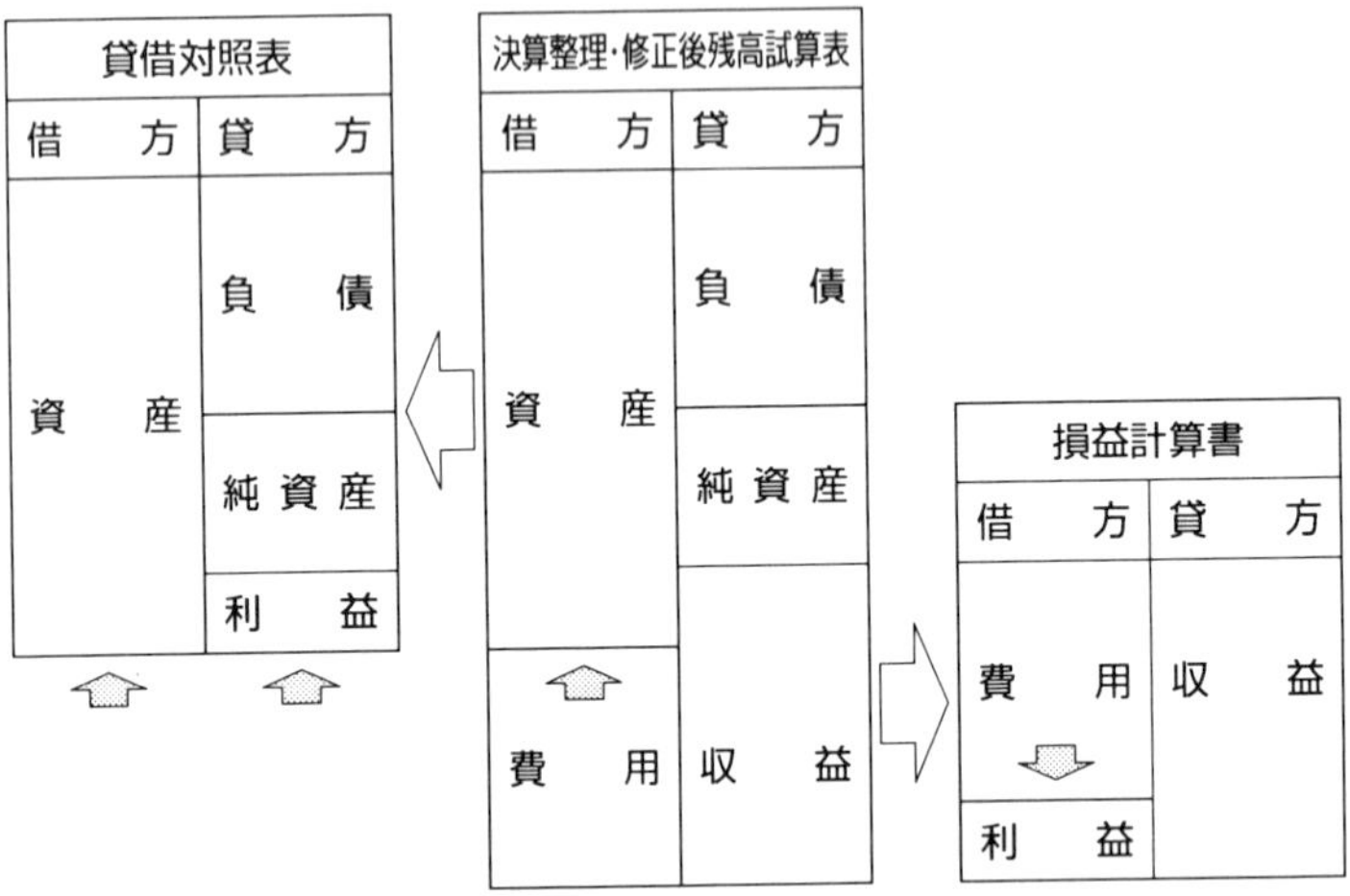

図表３―８　支出を資産として処理した場合の試算表・貸借対照表・損益計算書

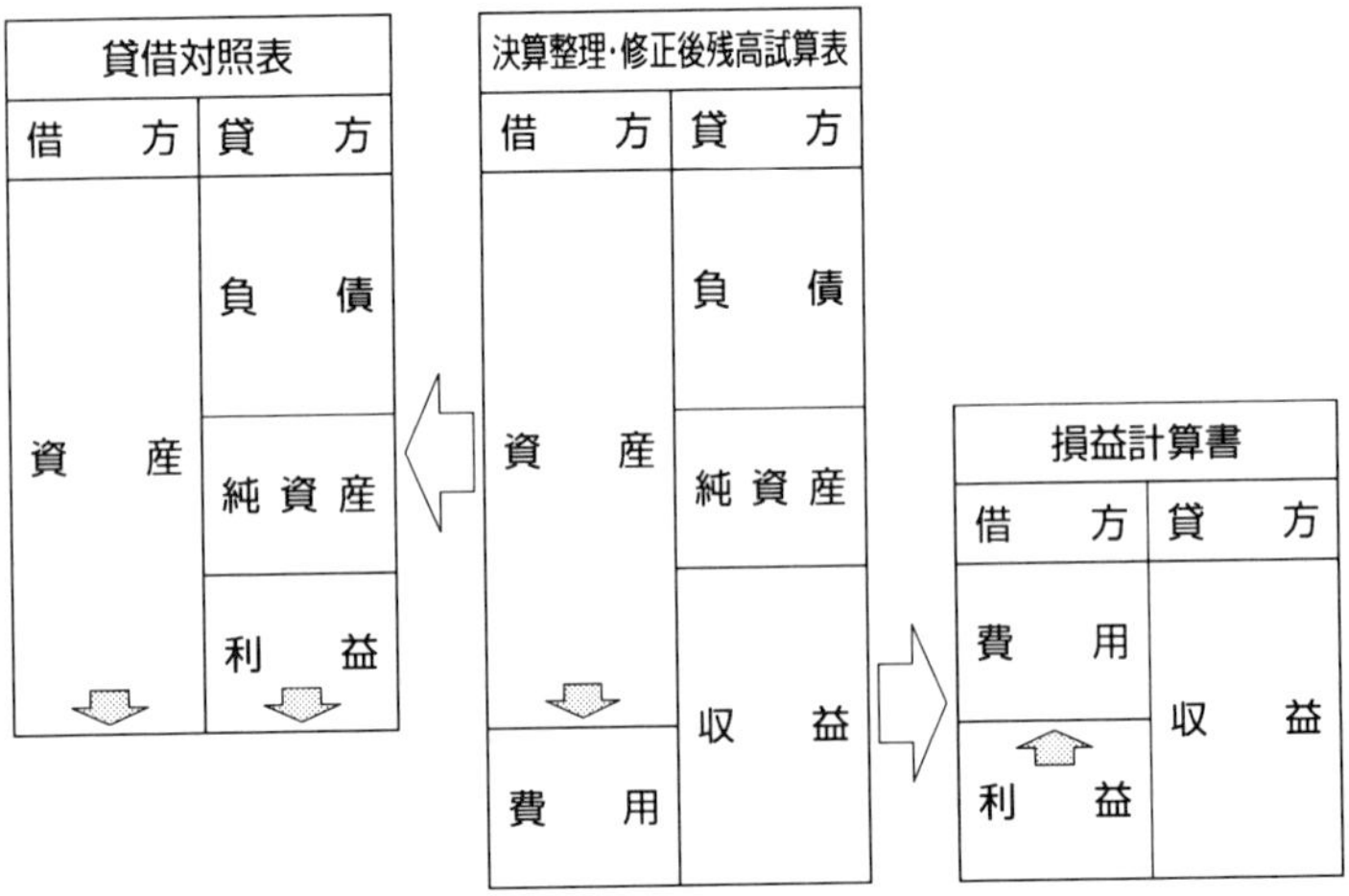

加を純資産の増加と見るか収益の発生と見るか、転換社債の転換権の行使があったと見るか否か、収益を発生の時点で認識するか実現の時点で認識するかなどによって、境界線の位置や縦線の長さが変化するのである。

　したがって、会計データを見るときには、それが唯一絶対の数値ではなく、財務諸表の作成責任者である経営者の判断によって決められているため、判断の仕方によっては数値が変わってくることに注意しなければならない。

　状況によっては、いったん貸借対照表と損益計算書を試算表にまで戻して会計データを再整理すると、企業の真の実態が見えてくることさえある。つまり、貸借対照表思考、損益計算書思考で終始するのではなく、試算表思考で分析する目をもつことが、賢い会計データの利用方法だ。

　また、経営者の多くが支出をすると費用がかさんでソン（損失）がでるとしか考えない。だが、支出は条件しだいで資産にもなれば費用にもなり、はたまた損失にもなる。その支出がそのときの収益に貢献する費用となるか、将来の収益に貢献する資産となるか、あるいはまったく収益に貢献しない損失にすぎないか、柔軟に考えられるようになりたいものだ。そのような柔軟な考え方を可能にするのが、試算表思考だ。

　試算表思考によって企業を分析するためには、つぎに説明する注記と附属明細表を見ることが欠かせない。

注記にはなにが書いてあるか

注記とは財務諸表に記載されている会計データを補足する詳細な情報を記載したもので、各財務諸表の末尾に脚注として記載される場合と、財務諸表全体の末尾にまとめて一括記載されている場合とがある。

各財務諸表に関してなにを注記するべきかについては、財務諸表等規則、企業会計原則、企業会計基準、会社計算規則などに個別に規定されているが、大きく分けてつぎの三つにまとめることができる。

① 各財務諸表に記載されている会計データの内訳明細と補足情報

ア 関係会社に対する資産、負債、売上高、営業費用、営業外収益・費用などの明細

イ 低価基準によって棚卸資産を評価したときの評価減金額

ウ 販売費及び一般管理費の内訳明細

エ　受取手形の割引高または裏書譲渡高
オ　貸倒引当金の資産科目別明細
カ　減価償却累計額の資産科目別明細
キ　費用・収益の計上基準
ク　リスク取引の処理方法
ケ　ヘッジ会計の方法
コ　キャッシュ・フロー計算書における資金の範囲　など

② 会計データを作成するうえで、もとの取引データに施した処理の原則、手続き、表示の方法の選択方針（これを会計方針という）

ア　有価証券の評価基準と評価方法
イ　棚卸資産の評価基準と評価方法
ウ　固定資産の減価償却方法
エ　繰延資産の処理方法
オ　外貨建資産・負債の本邦通貨への換算基準
カ　引当金の計上基準
キ　費用・収益の計上基準　など

③　決算日後に生じた取引データであり、各財務諸表本体には記載されていないが、次期以降の財務状態や経営成績に関する正しい理解を情報利用者に与えるために重要な情報（これを後発事象という）

ア　火災・出水等による重大な損害の発生

イ　多額の増資・減資および多額の社債の発行・繰上償還

ウ　会社の合併・重要な営業の譲渡または譲受

エ　重要な係争事件の発生または解決

オ　主要な取引先の倒産

とくに会社法では、計算書類の一つとして「注記表」を作成することになっている。企業集団の場合は、「連結注記表」を作成する。注記表に記載する事項は、次の一二項目である。

①　継続企業の前提に関する注記

②　重要な会計方針に係る事項に関する注記

③　貸借対照表等に関する注記

④　損益計算書に関する注記

⑤　株主資本等変動計算書に関する注記

⑥　税効果会計に関する注記
⑦　リースにより使用する固定資産に関する注記
⑧　関連当事者との取引に関する注記
⑨　一株当たり情報に関する注記
⑩　重要な後発事象に関する注記
⑪　連結配当規制適用会社に関する注記
⑫　その他の注記

附属明細表にはなにが書いてあるか

附属明細表は財務諸表に記載されている会計データを補足する詳細な情報を記載したものである点では注記と同じだが、損益計算書や貸借対照表とは別個の独立した書類に仕立ててある点で注記とは異なっている。

附属明細表に記載される内容は、有価証券の明細、有形固定資産の明細、社債の明細、借入金の明細、引当金の明細で、これらの様式は財務諸表等規則に様式第七号から第一一号までに定められている。

なお、会社法では附属明細書と呼び会社計算規則に記載項目が定められているが、有形固定資産及び無形固定資産の明細、引当金の明細、販売費及び一般管理費の明細となっている。

資金収支情報はどのようにして作られるか

さきに、今日の会計は便宜的に会計期間を区切ってその期間における経営者の経営責任を問うかたちで行われ、現金主義による収益、費用の計上は行われないといった。これは、同時に損益計算書、貸借対照表の会計データからは現金など資金の収支に関する情報は得られないことを意味する。

つまり、資金収支に関する会計データは、伝統的な簿記という会計手続きとは別の手続きによって作成する必要がある。資金の収入と支出に関する取引データだけを抽出して、収益、費用とは別に収支の結果をまとめなければならない。

　かつて制度的に作成、開示が義務づけられてきたのは、資金収支表である。資金収支表は上場会社が有価証券届出書や有価証券報告書に添付しなければならない書類として証券取引法（現在の金融商品取引法で、正確には「企業内容等の開示に関する省令」）に定められていて、事業活動にともなう収支と資金調達活動にともなう収支の一覧表で、現金、預金、一時的に所有している有価証券の増減に関する情報を記載したものである。

　しかしながら、現在は金融商品取引法にもとづく開示情報は連結財務諸表が中心となり、資金収支に関してもかつての資金収支表に代わり連結ベースのキャッシュ・フロー計算書を開示しなければならない。したがって、連結を行わない上場会社については個別ベースのキャッシュ・フロー計算書を作成することになる。

　キャッシュ・フロー計算書で資金として扱われるのは、現金と現金同等物（取得日から三か月以内に満期日または償還日が到来する短期的な投資）であり、資金収支表の資金概念とは若干異なる。

連結財務諸表はどのようにして作られるか

財務諸表は基本的に個々の会社を単位として作成される。しかし、そのような会社別の財務諸表（個別財務諸表）では会社の経済的な実態が見えないことがある。

たとえば、二つの異なる種類の事業を、同一の会社内で行うときには二つの事業の成果が一つの個別財務諸表に表示されるが、子会社を作って一方の事業をまかせるときは二つの個別財務諸表に分離されて表示されることになる。経済的実態としては同一のことをしていても、法的な形式が異なるだけで財務諸表への表れ方が異なってくるのである。

また、ある会社が他の会社の経営上の実権を株式の取得などにより掌握しているとしよう。親会社は、自分が業績不振なときには強制的に子会社に商品を販売したり、土地、建物を買い取らせたりして自分に利益が出るように操作することができる。これは財務諸表を法人別に作成しなければならないことを悪用しているのである。連結財務諸表を作成すると、そのような会社間の実体のない取引は相殺されて、利益はだせなくなる。

これらの事情から連結財務諸表に対する利害関係者のニーズは高まり、いまは連結財務諸表を作成することが当然という時代である。

なお、このような連結財務諸表の作成は、個別財務諸表のように取引データの認識から始めて会計手続きを行うのではなく、個々の法人ごとに作成した個別財務諸表を基本として、連結精算表という書類を使ってそれらを合算して行う。この手続きは個別財務諸表の決算修正として過去の記録である資産・負債・資本データを決算時点の事実に合わせるという作業に類似している。

ある会社が他の会社の支配株主として経営上の実権を握っているとすると、前者を親会社、後者を子会社というが、連結作業としては、まず、親会社の子会社に対する投資と子会社の資本とを相殺消去する資本連結という処理を行う。

つぎに資産と負債について、子会社のそれらを時価評価して合算を行う。

さらに、連結の対象とならない子会社や会社の財務などに重要な影響力をもつ他の会社(これを関連会社という)について持分法という方法を用いて、その会社の純資産の増減や損益を投資勘定に反映させる。

これらの手続きによって、複数の法人によって構成されていながら経済的な実質としては一つの実体として行動する会社集団の適正な財務状態、経営成績を表す連結財務諸表を作成することができる。

第4章 となりの会社と比較するにはどうすればよいか

あなたの会社はもうかっているか

一見すると繁盛しているように見えるのに、実際には経営成績が不振な会社の実態を調べてみると、経営者が「売れている」ということと「もうかっている」ということを混同しているせいであることが意外と多い。

「とにかく、売れ、売れ！」と部下に指図している経営者が、値の高い高品質の純正部品を贅沢《ぜいたく》に使った原価の高い製品を売らせたり、必要もないのに部課や管理職をふやして管理職手当の負担を重くしたりする。売るために必要だからと店舗と正社員をふやしていって固定的な費用をふやしていく。

こんなことをしていれば、その会社は営業費用がかさんでしまって利益がでなくなる。

「売れている」ということは収益があるということで、利益がでているということとは違う。利益がでているときに初めて「もうかっている」といえる。

利益は、収益から費用を差し引いて計算する。営業利益は、営業収益から営業費用を差し引いて計算する。経常利益は、営業損益に営業外収益をたし、営業外費用を差し引いて計算する。

売る努力と同時に営業費用や営業外費用をけずる努力をしなければ、いくら売っても期待するほど利益は向上しない。

あなたの会社はとなりの会社よりももうかっているか

同業他社よりも自分の会社がもうかっているかどうかを考える場合には、単に金額の多少だけで判断することは禁物である。

会社の収益性や安全性の優劣・問題点などを明らかにするには、自社の数値を他社の数値あるいは業界の平均値と比較する必要がある。

その場合、規模の相違に気をつけなければならない。
一、〇〇〇万円利益がでている会社と二、〇〇〇万円利益がでている会社とを比較したとき、二、〇〇〇万円の利益をあげている会社のほうが収益力があるといいたくなる。しかし、そのバックグラウンドに控えている総資本（貸借対照表の借方合計額で総資産ともいう）も考え合わせたうえでなければ、判断を誤ることになる。

たとえば、パチンコが好きな人が二人いるとしよう。一人は、一、〇〇〇円の元手で一万円（一万一、〇〇〇円分の景品）を稼《かせ》ぐとする。もう一人は、五、〇〇〇円の元手で一万円（一万五、〇〇〇円分の景品）を稼ぐとしよう。二人は、同じ実力だといえるだろうか。
一、〇〇〇円の元手で一万円を稼ぐ人のほうが、よほど技術的に優れているか、運（運も実力のうち）がついているはずである。

比較値・平均値の使いかた

会社の規模というものは、わかりやすそうでわかりにくい。世間ではよく、大会社、一流の会社、立派な会社という表現が使われるが、なにを基準として考えるのであろうか。多くの場合、テレビでコマーシャルが流れる頻度、あるいは商品や製品の身近さで考えているのではないだろうか。また、よくTV番組などで登場するのが「年商」という基準で、立派さを示す指標として位置づけられているようだ。

$$総資本経常利益率 = \frac{当期の経常利益}{総　資　本} \times 100\ (\%)$$

だが、そのような、あいまいな基準にもとづいて会社を分析していると、その真価を見損なってしまう。

とくに「コスト・ベネフィット」とか「費用対効果」といった言葉があるが、総資本という投下コストに対して、どれだけ見合った利益をうみ出しているかということが、会社の真価を測るためには重要な指標となる。ファストフードでは当期純利益順位をみると、ミスタードーナツ、マクドナルド、日本ケンタッキー・フライド・チキンの順になるが、総資本経常利益率順位では、日本ケンタッキー・フライド・チキン、ミスタードーナツ、マクドナルドの順となり、マクドナルドが世間的な評判ほど効率的な経営を行っていないことがわかる（図表4—6、図表4—7参照）。また、製菓では、当期純利益順位では明治製菓、江崎グリコ、森永製菓の順だが、総資本経常利益率順位では江崎グリコ、森永製菓、明治製菓となり、明治製菓の利益は規模の成果であり、規模に対する効率では江崎グリコの方が勝っている（図表4—6、図表4—7参照）。さらに化粧品では、コーセーは総資本の規模は花王の一三・七六％しかないのに、花王の五九・二九％の規模をもつ資生堂に勝る総資本経常利益率を挙げ、規模が小さいからといって劣るものではないということを示している（図表4—2、図表4—

図表4―1　10業種3社の総資本・売上高・損益・利益率

（2006年度　単位：百万円）

社　名	総資本	売上高	営業損益	経常損益	当期純損益	総資本経常利益率(%)	売上高営業利益率(%)
[自動車]							
トヨタ自動車	32,574,779	23,948,091	2,238,683	2,382,516	1,644,032	7.31	9.35
	10,661,169	11,571,843	1,150,921	1,555,193	1,060,109	14.59	9.95
日産自動車	12,402,208	10,468,583	776,939	761,051	460,796	6.14	7.42
	3,804,369	3,608,934	185,561	169,958	79,481	4.47	5.14
本田技研工業	12,036,500	11,087,140	851,879	792,868	592,322	6.59	7.68
	2,631,818	4,030,881	201,719	306,145	214,106	11.63	5.00
[住　宅]							
大和ハウス工業	1,630,022	1,618,450	85,678	89,356	46,393	5.48	5.29
	1,200,441	1,185,664	60,993	65,636	38,292	5.47	5.14
積水ハウス	1,278,770	1,596,183	111,570	114,822	62,663	8.98	6.99
	1,173,431	1,216,901	87,678	92,720	51,781	7.90	7.21
住友林業	500,136	911,674	20,405	21,259	11,954	4.25	2.24
	431,438	756,743	14,440	17,004	9,532	3.94	1.91
[家　電]							
日立製作所	10,644,259	10,247,903	182,512	202,338	−32,799	1.90	1.78
	3,873,901	2,785,115	−66,285	−37,217	−178,049	−0.96	−2.38
松下電器産業（パナソニック）	7,896,958	9,108,170	459,541	439,144	217,185	5.56	5.05
	4,816,679	4,746,868	141,989	141,602	98,803	2.94	2.99
東　芝	5,931,962	7,116,350	258,364	298,460	137,429	5.03	3.63
	3,373,540	3,544,860	72,141	98,089	72,387	2.91	2.04
[スーパー]							
ジャスコ（イオン）	3,534,346	4,824,775	189,728	188,303	57,656	5.33	3.93
	1,377,952	1,960,265	33,576	44,045	24,452	3.20	1.71
ダイエー	1,139,409	1,283,888	48,308	37,288	41,298	3.27	3.76
	553,349	869,892	4,132	1,104	39,135	0.20	0.48
イトーヨーカ堂	1,045,846	1,619,031	21,574	23,488	11,796	2.25	1.33
	933,602	1,487,480	18,322	20,982	13,356	2.25	1.23
[家電量販店]							
ヤマダ電機	550,439	1,443,661	55,551	71,747	43,420	13.03	3.85
	513,068	1,419,629	52,144	66,137	38,410	12.89	3.67
ミドリ電化（エディオン）	390,550	740,293	6,946	18,631	7,367	4.77	0.94
	225,889	7,254	2,382	2,342	443	1.04	32.84

コ　ジ　マ	211,237	501,335	−5,547	4,354	1,917	2.06	−1.11
	210,731	500,656	−5,563	4,332	1,903	2.06	−1.11
[携帯電話]							
NTTドコモ	6,116,215	4,788,093	773,524	772,943	457,278	12.64	16.16
	4,076,072	2,598,724	390,988	654,167	520,592	16.05	15.05
ソフトバンク	4,310,852	2,544,219	271,065	153,423	28,815	3.56	10.65
	1,347,019	—	−8,481	−30,766	−3,305	−2.28	—
au（KDDI）	2,803,240	3,335,259	344,700	350,923	186,747	12.52	10.34
	2,746,353	3,241,241	321,235	331,662	177,540	12.08	9.91
[コンビニ]							
セブン-イレブン	1,149,977	516,967	172,737	176,763	98,402	15.37	33.41
ロ ー ソ ン	398,258	283,053	44,513	44,646	20,983	11.21	15.73
	389,109	256,023	44,373	44,526	21,733	11.44	17.33
ファミリーマート	315,255	297,849	29,608	32,175	14,968	10.21	9.94
	279,214	194,080	27,542	30,716	13,774	11.00	14.19
[ファストフード]							
ミスタードーナツ（ダスキン）	205,193	193,790	13,986	14,944	8,407	7.28	7.22
	187,372	169,205	11,384	13,474	7,759	7.19	6.73
マクドナルド	193,206	355,696	7,380	5,708	1,549	2.95	2.07
	142,695	53,158	1,358	1,530	628	1.07	2.55
日本ケンタッキー・フライド・チキン	38,122	80,579	2,865	2,974	1,211	7.80	3.56
	37,406	76,319	2,852	2,960	1,200	7.91	3.74
[製　菓]							
明 治 製 菓	351,514	393,853	12,584	12,627	5,480	3.59	3.20
	316,981	294,629	7,703	8,518	4,061	2.69	2.61
江 崎 グ リ コ	211,671	269,776	7,704	9,181	4,122	4.34	2.86
	162,864	134,053	2,330	5,079	1,924	3.12	1.74
森 永 製 菓	135,905	167,235	6,280	5,737	3,235	4.22	3.76
	128,136	146,715	5,633	5,239	2,993	4.09	3.84
[化粧品]							
花　　王	1,247,797	1,231,808	120,858	120,176	70,527	9.63	9.81
	1,008,757	709,554	78,613	84,951	57,653	8.42	11.08
資 生 堂	739,832	694,594	50,005	53,465	25,293	7.23	7.20
	559,407	282,091	15,637	28,891	16,749	5.16	5.54
コ ー セ ー	171,638	176,390	13,730	14,285	6,895	8.32	7.78
	120,973	87,752	3,338	5,713	3,555	4.72	3.80

（上段：連結　下段：個別　セブン-イレブンは個別のみ）

図表4―2　10業種3社の総資本・売上高・損益の比較

（2006年度　単位：百万円）

社　名	総資本	売上高	営業損益	経常損益	当期純損益
[自動車]					
トヨタ自動車	32,574,779	23,948,091	2,238,683	2,382,516	1,644,032
	100.00	100.00	100.00	100.00	100.00
日産自動車	12,402,208	10,468,583	776,939	761,051	460,796
	38.07	43.71	34.71	31.94	28.03
本田技研工業	12,036,500	11,087,140	851,879	792,868	592,322
	36.95	46.30	38.05	33.28	36.03
[住　宅]					
大和ハウス工業	1,630,022	1,618,450	85,678	89,356	46,393
	100.00	100.00	100.00	100.00	100.00
積水ハウス	1,278,770	1,596,183	111,570	114,822	62,663
	78.45	98.62	130.22	128.50	135.07
住友林業	500,136	911,674	20,405	21,259	11,954
	30.68	56.33	23.82	23.79	25.77
[家　電]					
日立製作所	10,644,259	10,247,903	182,512	202,338	−32,799
	100.00	100.00	100.00	100.00	—
松下電器産業（パナソニック）	7,896,958	9,108,170	459,541	439,144	217,185
	74.19	88.88	251.79	217.03	—
東芝	5,931,962	7,116,350	258,364	298,460	137,429
	55.73	69.44	141.56	147.51	—
[スーパー]					
ジャスコ（イオン）	3,534,346	4,824,775	189,728	188,303	57,656
	100.00	100.00	100.00	100.00	100.00
ダイエー	1,139,409	1,283,888	48,308	37,288	41,298
	32.24	26.61	25.46	19.80	71.63
イトーヨーカ堂	1,045,846	1,619,031	21,574	23,488	11,796
	29.59	33.56	11.37	12.47	20.46
[家電量販店]					
ヤマダ電機	550,439	1,443,661	55,551	71,747	43,420
	100.00	100.00	100.00	100.00	100.00
ミドリ電化（エディオン）	390,550	740,293	6,946	18,631	7,367
	70.95	51.28	12.50	25.97	16.97
コジマ	211,237	501,335	−5,547	4,354	1,917
	38.38	34.73	—	6.07	4.42

[携帯電話]					
ＮＴＴドコモ	6,116,215	4,788,093	773,524	772,943	457,278
	100.00	100.00	100.00	100.00	100.00
ソフトバンク	4,310,852	2,544,219	271,065	153,423	28,815
	70.48	53.14	35.04	19.85	6.30
ａｕ（ＫＤＤＩ）	2,803,240	3,335,259	344,700	350,923	186,747
	45.83	69.66	44.56	45.40	40.84
[コンビニ]					
セブン-イレブン	1,149,977	516,967	172,737	176,763	98,402
	100.00	100.00	100.00	100.00	100.00
ローソン	389,109	256,023	44,373	44,526	21,733
	33.84	49.52	25.69	25.19	22.09
ファミリーマート	279,214	194,080	27,542	30,716	13,774
	24.28	37.54	15.94	17.38	14.00
[ファストフード]					
ミスタードーナツ（ダスキン）	205,193	193,790	13,986	14,944	8,407
	100.00	100.00	100.00	100.00	100.00
マクドナルド	193,206	355,696	7,380	5,708	1,549
	94.16	183.55	52.77	38.20	18.43
日本ケンタッキー・フライド・チキン	38,122	80,579	2,865	2,974	1,211
	18.58	41.58	20.48	19.90	14.40
[製　菓]					
明治製菓	351,514	393,853	12,584	12,627	5,480
	100.00	100.00	100.00	100.00	100.00
江崎グリコ	211,671	269,776	7,704	9,181	4,122
	60.22	68.50	61.22	72.71	75.22
森永製菓	135,905	167,235	6,280	5,737	3,235
	38.66	42.46	49.90	45.43	59.03
[化粧品]					
花王	1,247,797	1,231,808	120,858	120,176	70,527
	100.00	100.00	100.00	100.00	100.00
資生堂	739,832	694,594	50,005	53,465	25,293
	59.29	56.39	41.38	44.49	35.86
コーセー	171,638	176,390	13,730	14,285	6,895
	13.76	14.32	11.36	11.89	9.78

（上段：連結数値　下段：最上段会社を100%とした場合の比率(%)　コンビニは個別ベース）

$$\text{売上高営業利益率} = \frac{\text{当期の営業利益}}{\text{売上高}} \times 100\ (\%)$$

7参照)。

なお、年商というのは、正確にいえば年間の売上高で、その金額の多寡で順位づけをすれば、自動車ではトヨタ自動車、本田技研工業、日産自動車、住宅では大和ハウス工業、積水ハウス、住友林業、家電では日立製作所、松下電器産業、東芝といった順位になる(図表4―3参照)。ところが、営業利益順位では、自動車ではトヨタ自動車、本田技研工業、日産自動車のままだが、住宅では積水ハウス、大和ハウス工業、住友林業、家電では、松下電器産業、東芝、日立製作所と順位が入れ替わってしまう(図表4―4参照)。売上高と営業利益との差は、「売上原価」と「販売費及び一般管理費」といった営業費用なので、営業費用の効率の差が、このような結果をもたらしているといえ、この結果が経常利益、当期利益の順位にもつながっているところから考えれば(図表4―5、図表4―6参照)、経営者の手腕の違いがそこに表れていると考えてよさそうだ。それを端的に示すのが、売上高営業利益率である(図表4―8参照)。

こうした収益性については、第7章で詳しく説明する。

図表4―3　10業種3社の売上高順位

業　種	1　位	2　位	3　位
自　動　車	トヨタ自動車	本田技研工業	日産自動車
住　宅	大和ハウス工業	積水ハウス	住友林業
家　電	日立製作所	松下電器産業	東芝
スーパー	ジャスコ	イトーヨーカ堂	ダイエー
家電量販店	ヤマダ電機	ミドリ電化	コジマ
携帯電話	NTTドコモ	au	ソフトバンク
コンビニ	セブン‐イレブン	ローソン	ファミリーマート
ファストフード	マクドナルド	ミスタードーナツ	日本ケンタッキー・フライド・チキン
製　菓	明治製菓	江崎グリコ	森永製菓
化　粧　品	花王	資生堂	コーセー

図表4―4　10業種3社の営業利益順位

業　種	1　位	2　位	3　位
自　動　車	トヨタ自動車	本田技研工業	日産自動車
住　宅	積水ハウス	大和ハウス工業	住友林業
家　電	松下電器産業	東芝	日立製作所
スーパー	ジャスコ	ダイエー	イトーヨーカ堂
家電量販店	ヤマダ電機	ミドリ電化	コジマ
携帯電話	NTTドコモ	au	ソフトバンク
コンビニ	セブン‐イレブン	ローソン	ファミリーマート
ファストフード	ミスタードーナツ	マクドナルド	日本ケンタッキー・フライド・チキン
製　菓	明治製菓	江崎グリコ	森永製菓
化　粧　品	花王	資生堂	コーセー

図表4―5　10業種3社の経常利益順位

業種	1位	2位	3位
自動車	トヨタ自動車	本田技研工業	日産自動車
住宅	積水ハウス	大和ハウス工業	住友林業
家電	松下電器産業	東芝	日立製作所
スーパー	ジャスコ	ダイエー	イトーヨーカ堂
家電量販店	ヤマダ電機	ミドリ電化	コジマ
携帯電話	NTTドコモ	au	ソフトバンク
コンビニ	セブン-イレブン	ローソン	ファミリーマート
ファストフード	ミスタードーナツ	マクドナルド	日本ケンタッキー・フライド・チキン
製菓	明治製菓	江崎グリコ	森永製菓
化粧品	花王	資生堂	コーセー

図表4―6　10業種3社の当期純利益順位

業種	1位	2位	3位
自動車	トヨタ自動車	本田技研工業	日産自動車
住宅	積水ハウス	大和ハウス工業	住友林業
家電	松下電器産業	東芝	日立製作所
スーパー	ジャスコ	ダイエー	イトーヨーカ堂
家電量販店	ヤマダ電機	ミドリ電化	コジマ
携帯電話	NTTドコモ	au	ソフトバンク
コンビニ	セブン-イレブン	ローソン	ファミリーマート
ファストフード	ミスタードーナツ	マクドナルド	日本ケンタッキー・フライド・チキン
製菓	明治製菓	江崎グリコ	森永製菓
化粧品	花王	資生堂	コーセー

図表4―7　10業種3社の総資本経常利益率順位

業　種	1　位	2　位	3　位
自動車	トヨタ自動車	本田技研工業	日産自動車
住宅	積水ハウス	大和ハウス工業	住友林業
家電	松下電器産業	東芝	日立製作所
スーパー	ジャスコ	ダイエー	イトーヨーカ堂
家電量販店	ヤマダ電機	ミドリ電化	コジマ
携帯電話	NTTドコモ	au	ソフトバンク
コンビニ	セブン-イレブン	ローソン	ファミリーマート
ファストフード	日本ケンタッキー・フライド・チキン	ミスタードーナツ	マクドナルド
製菓	江崎グリコ	森永製菓	明治製菓
化粧品	花王	コーセー	資生堂

図表4―8　10業種3社の売上高営業利益率順位

業　種	1　位	2　位	3　位
自動車	トヨタ自動車	本田技研工業	日産自動車
住宅	積水ハウス	大和ハウス工業	住友林業
家電	松下電器産業	東芝	日立製作所
スーパー	ジャスコ	ダイエー	イトーヨーカ堂
家電量販店	ヤマダ電機	ミドリ電化	コジマ
携帯電話	NTTドコモ	ソフトバンク	au
コンビニ	セブン-イレブン	ローソン	ファミリーマート
ファストフード	ミスタードーナツ	日本ケンタッキー・フライド・チキン	マクドナルド
製菓	森永製菓	明治製菓	江崎グリコ
化粧品	花王	コーセー	資生堂

$$生産性 = \frac{アウトプット}{インプット} \qquad 純資産利益率 = \frac{利\ 益}{投下資本}$$

生産性を比較する

今日、わが国の会計制度では、利益というものが最高位の指標とされている。つまり、もうかっていることこそが、究極的な目標となる。しかしながら、利益というものだけでははかれない会社の能力というものがある。それは、会社の生産の能率である。

利益を大きく計上しても、それが会社の能率によって裏打ちされたものでなければ、長続きしない。真の収益力というのは、会社の生産の能率によって裏打ちされたものをいうのである。ここでいう会社の能率とは、生産要素のインプット（投入量）とアウトプット（産出量）の関数で、一般に生産性と呼ばれている。

生産性が高いとか低いとかいうのは、生産活動にインプットされた生産要素の量に比べてアウトプットとして得られた生産物が多いか少ないかをいう。

ところが、総資本経常利益率では、この生産の能率は表せない。非常に高い能率で生産が行われていても、賃金も高い水準にあればその能率の良さは反映され

$$生産性 = \frac{付加価値}{純資産＋労働力} \qquad 生産性 = \frac{付加価値}{生産設備＋従業員}$$

ない。賃金は費用であり、利益は収益から費用を差し引いて計算されるからである。逆に、賃金をカットしたり低水準に抑えれば、利益は増加し総資本経常利益率は上昇する。しかし、生産性が向上したわけではない。

生産性を測定する場合、ふつう、インプットとする生産要素としては、資本の投下による生産設備とその設備を動かす労働力（従業員）を、アウトプットとしては、その会社が経営活動によって独自に生み出した価値（これを付加価値という）を用いる。生産設備と労働力を結合させることによって、付加価値を創出すること、これが生産性である。

生産性についての詳しいことは、第10章で説明する。

第5章 会社はもうけているか

会社のもうけとはなにか

自分が勤めている会社はもうけているだろうか。投資先の会社でも自分が経営する会社でもよいが、どのくらいもうけているのだろうか。

もうけるとはいっても、短期的なもうけだけに走ってよいわけではない。中長期的な展望にたったもうけを考えなければ、業界における真の勝者にはなれない。

極端な場合、薄利多売《はくりたばい》による市場占有率（マーケット・シェア）獲得にのみ目をうばわれてしまっては、健全な会社の維持、将来の安定性の確保は困難となる。

知名度を高めるなどのために、薄利多売といった販売戦略をとった場合、会社の存続自体をあやうくする。それは会社の基礎体力（支払能力、担保力など）を損なうからである。

バブル期に、価格破壊といったうたい文句で景気よく業績を伸ばした会社も多い。だが、この販売戦略のために、この世から姿を消した会社は数知れない。いつまでも続けるわけにはいかない。続けるのであれば覚悟を決めてとりかからなければならない戦略である。

バブル後のかつてのデフレ局面の経済下では、会社は将来計画の見通しを立てつつ一定の利益を確保しなければ採算割れしてしまい、会社を維持できなくなってしまった。機械設備の更新もできなければ、研究開発費の捻出も叶わず、従業員への給料の支払いも滞ってしまった。こうした会社の多くが、この世から姿を消した。

その後、バブル期、デフレ期を脱した今日の日本経済であっても、百円ショップのような低価格商品をそろえる店もあれば、高級ブランド・高価格商品をそろえる店もある。消費者の目はきびしくなっている。こうした経済環境下でどのようにもうけるか、計画性をもつ必要が現代企業には求められている。

会社経営に際し、将来計画が立てにくいのは確かだ。しかし、計画を立てないと会社自体をダメにしてしまう可能性が高くなる。このような局面であればこそ、総合力（資本と利益のバランス）、収益力（売上高と利益のバランス）、もうけの中身（本業と副業のバランス）を重視しなければならない。そのために、会社の成長性（将来性）、効率性、安定性（安全性）をチェックしなければならない。

ところで、浪速《なにわ》商人《しょうにん》は、「もうかりまっか？」と挨拶する。その挨拶の意味は単純ではないような気がする。単純に利益の大きさだけを聞いているのではない。「元手（資本）の割に、利益は大きいですか？」を問いかけているのである。「効率的に商売ができていますか？」ということを率直に聞いているのである。

図表５－１　経営分析で比率（割合）を用いる意味

土地Ａ：面積65坪、取得価額￥39,000,000
土地Ｂ：面積40坪、取得価額￥20,000,000

広い土地が高く、狭い土地が安いのは当たり前。したがって、単純に比較できない。比率（坪単価）を用いると比較可能となる。

坪単価 ＝ 土地の取得価額 ÷ 面積（坪）

土地Ａの坪単価 ＝ ￥600,000
土地Ｂの坪単価 ＝ ￥500,000

財務諸表の盛りだくさんの数値データを、比率を用いることによって、より多くの判断材料が提供されることになる。経営分析で利用される各種の財務比率を、経営指標ともよぶ。

この質問に対して、まじめにとらえて答えようとすると、売上総利益、営業利益、経常利益などの利益の大きさ（実数値）と、資本と利益の比較、つまり資本利益率という比率（割合）によって分析する必要がある。殊に、後者の比率による分析は実に実務で役立ち、頼もしい存在である。

会社経営を考えるとき、「山椒は小粒でも、ピリリと辛い」と表現する場合がある。これは会社の「総資産は小さいが、収益力はある」という、良い意味でのフレーズとして用いられる。分析をするとき、実数値の寄せ集めより、比率のほうがとらえやすい場合がある。図体ばかり大きくても、収益力がなければ、投資家にとって投資対象としての魅力がある会社とはいえないからである。

これは、ちょうど狭くて安い土地と広くて高い土地があった場合、この両物件を比較するとなると、単純に比較できないというやっかいなことが起こるのと同じである。

広い土地が高く、狭い土地が安いのは当たり前だからである。両者は、狭い・広いという要素と、安価・高価という要素の二つの要素が混在しているからである。このとき、土地の価額（本体価格と付随費用を足したもの）を面積で割って「坪単価」という比率を算出して互いに比較することで、いずれの土地が割高であるのか、明白になる（図表5―1）。

比率を算出することには、複数の比較要素をもった事象同士を比較する場合に、ある一つの要素について比較を行うために、他の要素を均一化し、同じ条件下で比較させるという効果がある。比率を活用することで、比較分析は格段にレベル・アップする。

効率的に商売はなりたってますか？――資本利益率の話――

資本利益率は、資本と利益のバランスの話である。会社の総合力を見抜くのに有効であ

$$\mathrm{ROE} = \frac{\text{当期利益（税引き後利益）}}{\text{株主資本}} \times 100\ (\%)$$

$$\mathrm{ROA} = \frac{\text{経常利益}}{\text{総資本}} \times 100\ (\%)$$

$$= \frac{\text{利益}}{\text{売上高}} \times \frac{\text{売上高}}{\text{総資本}} \times 100\ (\%)$$

$$= \text{売上高利益率} \times \text{総資産回転率} \times 100\ (\%)$$

る。どのくらいの元手によって、どれくらいのもうけをだしているのか。つまり、収益性を見極める指標の代表が資本利益率である。

一般に会社は、株主や銀行などから集めた資金を事業に投下し、それを上回る収益を獲得することで利益を生み出す。これを従業員などの給与にあて、税金を納め、株主に分配し、あるいは一部を今後の事業のために内部留保する。したがって、会社が投下した資本（投下資本）をいかに効率よく使って利益をあげたかを意味する収益性が問題となる。少ない投資でより多くの利益をあげれば「収益性がよい」ことになり、反対に多くの投資をしたにもかかわらずそれほど利益があがらなければ「収益性が悪い」ことになる。

資本利益率は、ある期間に会社が投下した資本が、どれだけの利益をあげたか（利益を獲得したか）をパーセントで示した、効率を示す指標である。利益額という実数値（規模）を単純に比較するのではなく、「投下した資本」に対してという条件を付けることにより、資本規模にとらわれない本当の収益性比較が可能となる。

また、資本と利益の組み合わせによって幾種類もの指標に変幻自在に変身させることも可能である。たとえば、資本は、総資本（総資産）、株主資本、利益は、売上総利益、営業利益、経常利益というように複数ある。これらの利益を段階利益という。

たとえば、株主資本利益率は、税引き後利益を株主資本で割ってパーセントで表した指標である。ROE《アール・オー・イー》（Return on Equity）とよぶ。ROEは、株主の拠出資本に対する利益獲得効率を示す。株主の持分（株主資本）が、どれだけの利益を生み出したかを示している。税引き後利益としては、配当可能利益を示す当期純利益を用いる。

同様に、総資本利益率は、経常利益を総資本で割ってパーセントで表した指標である。R《アール・》OA《オー・エー》（Return on Assets）とよぶ。ROAは、会社の運用資金全体に対する利益獲得効率を示す。どれだけの資産を用いて、どれだけの利益をあげたかを示している。経常的利益獲得能力は、経常利益を用いる。実際は、支払利息を差引く。これは株主資本の調達コストである配当金が除かれる以上、負債の調達コストである支払利息も除かれなければならないからである。

従来、日本企業の場合、同業種で規模・売上高・利益が同じ程度であれば、創業時期が古いほど、ＲＯＡは高くなった。日本の旧商法は取得原価主義とよばれる会計の考え方を採用してきたので、資産や負債の取得時の価額を帳簿価額（簿価）として記録する会計処理方法を堅持してきた。したがって貸借対照表上、資産や負債が取得価額で帳簿に記録された。そのために、分母である総資本を過小評価することになった。必然的にＲＯＡは高くなった。

投資家は実のところ、決算日現在の投資対象である企業価値額を知りたいのである。彼らは、決算時の時価で資産と負債を評価替えした時価情報が投資意思決定に役に立つと考えている。そこで二〇〇六年に商法改正がなされ、意思決定に資するものに改められた。

「所有と経営の分離」が進んだ現代企業にあって、株主からの拠出資本に対する利益が最重要視される。だが、会社の事業活動全体の効率性を判定しようとすれば、資本の運用は株主資本と負債の区別なく行われるものであり、総資本に対する利益というＲＯＡの考え方も重要な意味をもってくる。利用者は両者の利点をうまく使い分ける必要がある。

売上高利益率と総資産回転率を高める

ところで資本利益率は、売上高利益率と資本回転率の積に分解することができる。両者はトレードオフ（シーソーのように、どちらかを上げれば、もう一方が下がる）の関係にある。いずれを重視するかによって、経営戦略が変化することになる。

売上高利益率は、売上高と利益のバランスの話であり、収益の質を見抜くのに有効である。これは、たとえば一年間の売上高一〇〇円のなかに、いったいいくらの利益を残すことができたのかをパーセントで示した指標である。

したがって売上高利益率を向上させるには、①費用を増加させずに売上高を増加させる方法と、②売上高を一定に保ちつつ費用を減らす方法がある。具体的には、店舗の陳列商品を売れ筋商品に改める、仕入コストを下げる、あるいは販売チャネルを再編する、広告宣伝費を削減する、人件費を削減するなどの複合的な戦略が考えられる。

他方、資本はさまざまな資産として運用されているため、資産ごとの回転率に分解して詳細な分析が可能となる。

図表5—2　収益性分析の流れ

①〈資本利益率〉を算出
投下資本に対する利益獲得効率を算定する。
資本利益率（%）＝ 利益 ÷ 資本 × 100
②　資本利益率を〈売上高利益率〉と〈資本回転率〉に分解
資本利益率 ＝（利益 ÷ 売上高）×（売上高 ÷ 資本）×100
＝〈売上高利益率〉×〈資本回転率〉×100
右辺の第一項：〈売上高利益率〉は、〈段階利益の獲得効率〉を示す。
例：売上総利益率、営業利益率、経常利益率
右辺の第二項：〈資本回転率〉は、〈資産の運用効率〉を示す。
例：売上債権回転率、棚卸資産回転率、固定資産回転率
③〈段階利益の獲得効率〉と〈資産の運用効率〉の詳細分析

資本回転率は、こうした会社の資産が一年間に何回売上高というかたちで貢献したか、あるいは資産の何倍の売上げをあげたかを回転数で示したものである。この回数が多いほど、資産が効率的に売上げに結びついたことになる。また、売上高利益率は、損益計算書の段階利益ごとの利益率を計算して詳細に分析することができる（図表5—2）。

ROAは、売上高利益率と総資産回転率に分解できる。総資産回転率を向上させるには、①現在の総資産を増加させないで、積極的な販売戦略などにより売上高を増加させる、あるいは②現在の売上高を維持しつつ不要な資産

を処分することにより総資産を減少させる。

ただし、総資産回転率のみを重視してはならない。将来のために大規模な設備投資をしている場合には、一時的に総資産回転率は低下し、逆に、将来の見通しが厳しいことによる減量経営時には上昇するからである。

収益性を見抜く

企業が利益を獲得できる力を、その構造的な側面から判断することを「収益性を見抜く」という。売上高利益率はその指標である。

損益計算書には段階利益、①売上総利益、②営業利益、③経常利益、④税引き前当期純利益、⑤当期純利益が示される。売上高利益率は、これらの段階利益ごとに検討することによって売上高との組み合わせによってさまざまな指標に変身する。その代表が売上総利益率、売上高営業利益率、売上高経常利益率、売上高当期純利益率である（図表5―3）。

売上総利益率は、売上高から売上原価を差引いた売上総利益（粗利《あらり》あるいは粗利益《あらりえき》）を売

図表5―3　段階利益別の売上高利益率

① 売上高総利益率：粗利をどのくらい効率的にもうけたか、同業他社の比較に便利であり、年次比較によって市場趨勢の把握をしやすくなる。

売上高総利益率（%）＝（売上総利益÷売上高）×100

② 売上高営業利益率：本業でどのくらい効率的にもうけたか、財務構造の影響を受けない。

売上高営業利益率（%）＝（営業利益÷売上高）×100

③ 売上高経常利益率：財務構造を含めた経常的な利益獲得効率を表す。

売上高経常利益率（%）＝（経常利益÷売上高）×100

④ 売上高当期純利益率：最終的な株主への配当、財源の獲得効率を表す。

売上高当期純利益率（%）＝（当期純利益÷売上高）×100

上高で割ってパーセントで表した指標である。粗利率《あらりりつ》ともいう。同指標は、各業種別の取引傾向が表れるため、同業他社比較においてその威力は発揮される。また、年次比較を行う折には、市場の趨勢を把握するのにも適している。この指標は、販売した商品・製品の利益率（マージン率）の高低を示す。どれだけ効率的な販売活動をしたかを示す。

売上総利益率は、一般的には、製造業で一五～六〇%、小売業で二〇～三〇%、商社で一・五～二・〇%程度といわれる。この比率は、二次、三次の取次店を経由するなどの流通段階でマージンが吸収されるという販売戦略をとる場合には、売上総利益を販売会社と分けあうかたちとなるため、低くなる。

営業が強い、製品の品質がよいから、需要が底がたいなどの売手側に有利な売手市場の会社の場合、この比率が高くなる。

逆に、この比率が低下する場合には、原価率の上昇や商品の魅力の低下が考えられる。

売上総利益率を上昇させるためには、利益率の高い商品への移行といった商品構成の見直しや、仕入コストや生産コストの削減などが有効な改善策となる。

同業他社は同一または類似の市場を相手に商売をしているため、売上総利益率はかなり近似することになる。たとえば、卸売業などは一品ごとの粗利を犠牲にしても、販売数量を確保する薄利多売傾向にある。それに対して、骨董品専門店は販売数量が見込めないため、一回の販売機会で高い粗利を確保しようとする傾向がある。同指標を用いれば、同業他社との比較を売上規模の影響を受けることなく行うことができる。そして市場におけるその会社（商い）の強弱を知ることができる。

さらに、売上総利益率を年次比較すれば、市場における商品競争力の変化や、その会社の市場における地位（市場占有率）の変動を知ることができる。たとえば、年々売上総利益率が下がってきた場合には、競争環境の激化の結果としてその会社の商品競争力が低下したことを理解することができるはずである。

逆に、売上総利益率が上昇してきたとすれば、その会社の商品が他社の商品に比して市場で強く選好された結果を示していることを理解できる。ただし、単純に競争力が上昇したと判断してはならない場合もある。粗利率を高めた以上に売上げが減少することもあるからである。少なくとも、売上総利益の絶対額が増加していなければ競争力の増加と判断するのは尚早である。

売上総利益率は売上規模の影響を受けない指標であるため、市場規模の影響も受けることがない。したがって、売上が減少しても、売上総利益率が上昇していれば、競争力の増加が数字に反映されたとみなす方がよい。

売上総利益率を分析すれば、増減原因を突き止めたくなる。だが、財務諸表からの分析には限界がある。本来なら、地域別売上総利益率、商品群別売上総利益率、部門別売上総利益率、事業部別売上総利益率、従業員（担当者）別売上総利益率などを用いて詳細な分析が可能となる。しかし、残念ながら財務情報開示はそこまでなされない。売上総利益率の詳細分析は、内部管理の場面以外は困難といえる。

先の総利益に対して、営業利益がある。売上高の獲得には、売上原価だけではなく、従業員に対する給料、店舗・倉庫の支払家賃、設備の減価償却費、電話代や水道光熱費も必要となる。これらの販売活動や管理活動に要する経費は、損益計算書上、販売費および一般管理費として表示される。売上総利益からこれらを差引いたものが営業利益である。

営業利益は会社の主たる営業活動によりもたらされた利益ではあるが、二つの点で注意を要する。①営業利益の計算過程で財務コストを含んではいない。したがって、営業利益はその会社の財務構造の影響を受けることなく計算した本業からの利益ということになる。借金があっても、なくても、また、どのような条件で借り入れがなされようと、営業利益は影響を受けない。②営業利益以降の計算で登場するのは、営業外収益・同費用といった本業と関係ないものや、特別利益・同損失といった経常性のないもの、そして税金など費用、損失として考えにくいものしか残っていない。逆にいえば、商いそのものに関連する収益、費用はもれなく営業利益までの計算に含まれていることになる。

ただし、業種による損益構造の相違は、営業利益にも残っている。たとえば、設備依存型産業（装置産業）の場合、巨額の設備投資が必要である。したがって、総資本が大きい場合が多い。その分、有利子の借入金も多くなる。利息負担をまかなうためには、営業利益の段階で十分な利益の確保が必要となる。これに対して、総資本が少なくて済む産業の場合、利息負担の少ない分だけ営業利益もそれほど必要ない。結果的に、産業ごとの平均的な財務構造の相違が営業利益にも表れることになる。

売上総利益率の段階では顕著に表れていた業種ごとの傾向は、営業利益の段階では、それほどはっきりとは表れない。これは、売上総利益が営業経費の財源であって、営業経費をまかなうために、さまざまな形態で粗利をかせぎ、その形態の違いが売上総利益率の相違となって表れてきているに過ぎないからである。したがって、営業経費に充てられた部分を引いてしまえば、こうした売上総利益獲得の方法の相違は、営業利益には残っていないことになる。

こうした特徴から売上高営業利益率によれば、異業種も含めたあらゆる会社との比較が可能となる。営業利益を詳細に分析するためには、経費対売上高比率を用いることによって、費目別の分析を行うという方法もある。それ以外に、上場企業であればセグメント情報を利用した事業セグメントごとの分析を行うことも可能である。セグメント情報とは、財務情報を事業の種類別、所在地別、市場別の区分単位（セグメント）に分別したものをいい、上場企業の場合、売上高、営業費用、営業利益についてはセグメント情報として開示が義務づけられている。

売上高営業利益率は、売上総利益から販売費および一般管理費を差引いた営業利益の、売上高に対する比率をいう。したがって同指標は、その会社の主たる業務から得られる収益と、この収益に期間対応する営業費用をもとに計算する。このことから、同指標を分析することで、財務構造からの影響を排除した上で、本業でどのくらい効率的にもうけたか、検討できる。売上高営業利益率は、会社本来の営業活動にともなう利益率であり、本業の利益率が高いかどうかを示す。同業他社と比較することにより、販売活動や管理活動の効率性を吟味することが、ある程度可能となる。また、広告宣伝費や販売手数料（リベート）などの販売費の内訳を分析することによってマーケティング戦略の相違点を把握することも可能となる。

売上高経常利益率は、財務活動なども含めた企業全体の活動における平常的な利益率である。同指標は、営業利益に営業外収益を加え、営業外費用を差引いて計算された経常利益の、売上高に対する比率をいう。金融収支の良し悪しといったことから、資金調達能力の相違など、同指標には財務体質も包含した総合的な企業収益力が反映される。同指標を分析することで、その会社の財務構造も含めた毎期の経常的な利益獲得効率を知ることができる。したがって、毎期の経常的な収益力を示すため、業績評価の指標として最重要視される。経常的な収益力とは、翌期にも、その翌期にも見込むことができる収益力をさしている。

こうした意味から、売上高経常利益率は、会社の業績の将来予測にも活用されるとともに、業績評価の指標としてもっとも一般的な分析値といえる。

ところで、経常利益は業績を示す重要な指標であるが、従来の会計制度下では、業績が低迷すると含み益のある有価証券の売却による「益出し」によって経常利益のかさ上げ操作が可能であった。だが、会計情報の国際化にともない、諸外国から日本の会計情報に寄せられる不透明な情報であるとの批判に対して、それを払拭するため「会計ビッグバン」の一環として時価会計が導入された。その結果、売買目的の有価証券は時価評価され、その他の有価証券の評価差額は資本（純資産）直入されるに至った。「含み益」頼みの経常利益かさ上げは不可能となり、その他の有価証券の売却益も特別損益として計上することになった。

売上高当期純利益率は、経常利益に特別利益を加え、特別損失を差引き、さらに法人税等もコストとして考え、差引いた税引き後の当期純利益の、売上高に対する比率をいう。同指標を分析することにより、最終的な株主に対する配当財源がどの程度の効率で獲得されたかを知ることができる。

資本回転率は、運用形態ごとの回転率に分解し詳細分析

資本回転率は、一年間に資本サイクルがどれほど回転したかを表す指標である。資本サイクルは、企業の当初保有する元手がさまざまな経費や仕入商品となり、その後の商品の販売

図表5―4　A社とライバル企業Z社

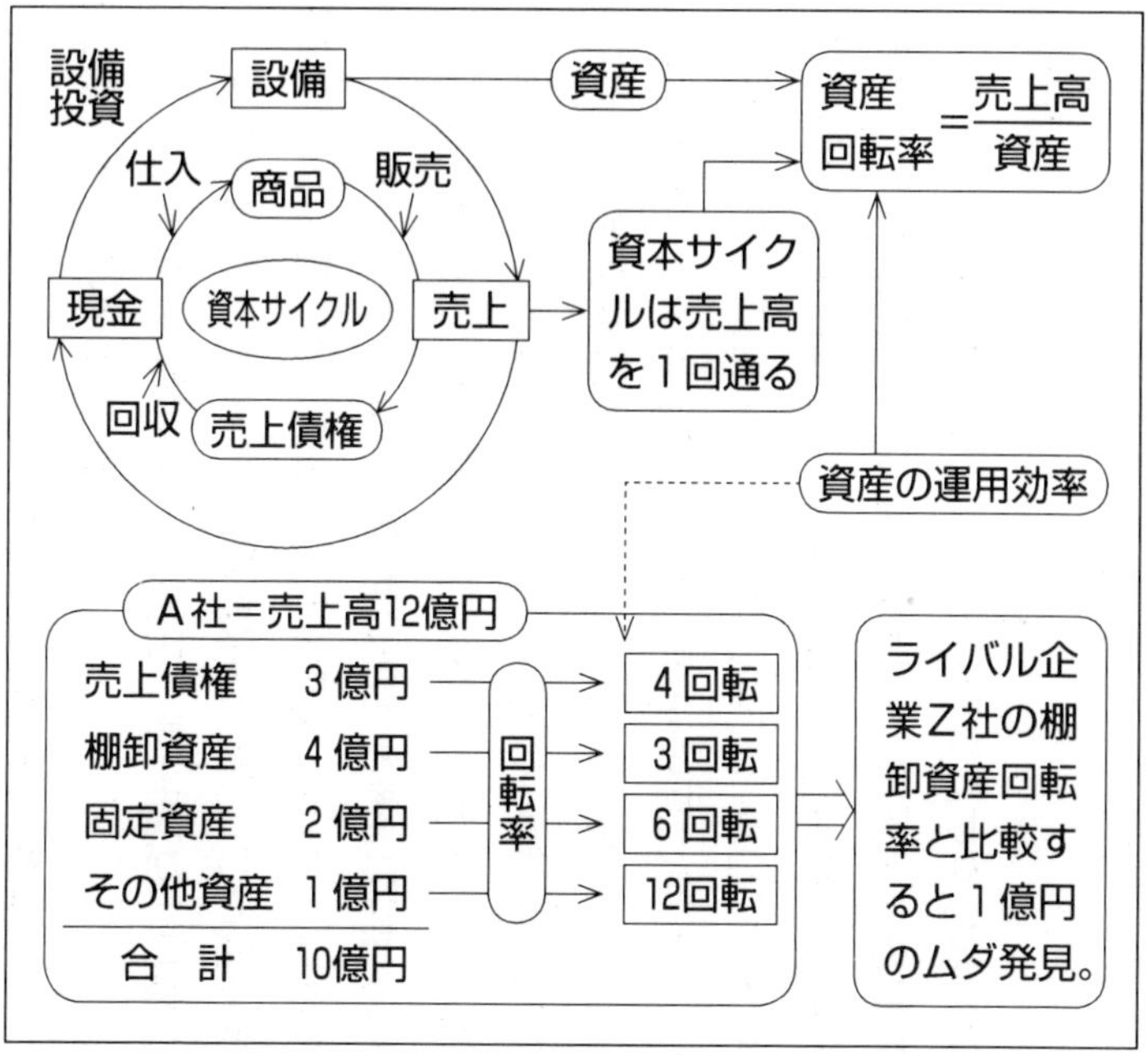

を通じて再び資金として帰ってくる（資金の回収）という一連のサイクルを繰り返すことをさす。資本サイクルが短くて、速ければ速いほど、資本運用は効率的であるといえる。資本回転率は高ければ高いほど、収益性が高い（よい）と判断される。

会社の資本はさまざまな資産として運用される。したがって、それぞれの資産により資本サイクルは異なる。したがって、資本回転率を資産ごとの回転率に分解してみれば、どの資産での資本運用が効率的であり、どの資産での資本運用が非効率であるかがわかる。つまり資本回転率を分析することは、それぞれの資産の売上げに対する貢献度を調べることである。

たとえば、A社の総資産が一〇億円。売上高が一二億円であったとする。総資本回転率は一・二回転となる。このとき、総資産の内訳として売上債権が三億円、棚卸資産が四億円、固定資産が二億円、その他資産が一億円であったとすると、各資産の回転率は、売上債権回転率四回転（一二億÷三億）、棚卸資産回転率三回転（一二億÷四億）、固定資産回転率六回転（一二億÷二億）、その他資産回転率一二回転（一二億÷一億）となる。これらの回転率は、前期と比較する場面や同業他社と比較する場面で、どの資産に対する資本運用に無駄があるかを比較判断する際に役立つ。仮に、ライバル企業Z社の棚卸資産回転率が四回転であったとすると、A社の棚卸資産回転率が同じ四回転となるには、売上高一二億円に対して、棚卸資産が三億円でなければならない。別のいい方をすれば、一二億円の売上げをあげるために必要な在庫投資をZ社は三億円で済ませているのに、A社は四億円の在庫投資をしてしまっている。結果的に、差額である一億円を他の資産へ投資できなくしている。つまりA社は棚卸資産のうち一億円は売上げに貢献しない無駄な在庫を抱えているということになる。（図表5―4）

図表5—5　株主資本利益率（ROE）の分解

$$\mathrm{ROE} = 当期純利益（税引き後利益）\div 株主資本 \times 100$$

$$= \frac{当期純利益}{売上高} \times \frac{売上高}{総資産} \times \frac{総資産}{株主資本} \times 100$$

$$= 売上高当期純利益率 \times 総資産回転率 \times 財務レバレッジ \times 100$$

ROEを分解してみよう

ROEは、株主資本（株主の出資と過去からの利益の累積分の合計）と、それが生みだす利益の比率である。

成熟期（安定期）に入った日本経済は、「売上至上主義から株主重視へ移行した」といわれ、ROE経営に注目が集まっている。ROEを高めるためには、売上高当期利益率、総資産回転率、そして財務レバレッジのいずれかの項目、あるいは複数の組み合わせ項目を、向上させる必要がある。三者の相互関連のなかでROEは最終的に決まる（図表5—5）。

財務レバレッジは、株主資本に対する総資産の比率である。負債をどの程度有効に活用しているかを示す。負債が大きくなるとこの数値は高くなり、負債が小さくなるとこの数値は低くなる。

ある会社が、投下した資産に対して一五％の利益があがるような収益性の高い事業チャンスにめぐりあったとする。その事業のための借入コスト（税金をも考慮した実質的な金利コスト）を一五％より低く抑えられるならば、その会社は借入金で資金を借り入れてそれをその事業に投入すれば、それだけもうかることになる。負債が増えれば増えるほど、もうかることになる。

逆に、借入コストが一五％を上回る場合には、負債が増加すればするほど、損をすることになる。借入金のコストよりももうかる事業があるなら、借入金を「てこ（レバレッジ）」として用いることによって実力よりも大きくもうけることができる。

財務レバレッジを向上させるには、負債を増加させるか、資本を減少させればよい。だが、いずれの方法も会社の安定性を損なう可能性がでてくることから、活用に際しては慎重を期す必要がある。負債を増加させることにより財務レバレッジを高くすると、利益がぶれやすくなる。ハイリスク・ハイリターン（高い収益が得られるかもしれないが、元も子もなくなる危険性も高い）体質になってしまうからである。

バブル期にこの原理を活用した企業も多い。しかし、経済環境が変化して、たとえ市中金利コストが下がったとして、結果的に借入コストが大幅に下がっても、金融機関などのその後の追加融資の必要なときの「貸し渋り」や、担保割れにともない借手が貸手から追加担保の提供を求められ結果的に担保提供ができなかった場合の「貸しはがし（いったん借入をしても、返済期日を待たずに返済をせまってくる貸手側の債権（貸金）回収活動）」の事態も想定しつつ、市場動向による収益の大幅な落ち込みなども予測しつつ、この原理を活用するかどうかを判断しなければ、大きなミスを冒してしまうことになる。

本業と財テクのバランスはいいか

本業以外の収益源として、財テクがある。もうけをみるとき、本業のもうけと財テクのもうけはバランスがとれているか、絶えずチェックしたい。

財テクには、資金調達面と資金運用面の二つの側面がある。いかに低利で資金調達を行い、いかに高利回りで運用するか。両者の好ましいバランスが、企業の財務部門の実力の見せどころである。バブル期を除いて、財テクは会社の資金の需給を本業との関連のなかで調整するという重要な役割を担ってきた。

日本企業は資金が必要な場面で、事実上、メーンバンク（主要取引銀行）をもつことによって金融機関からの借入（間接金融）を活用してきた。だが、金融ビッグバン（金融制度の大改革）をきっかけに、上場企業は証券市場などを通じて直接金融を活用するようになった。コマーシャル・ペーパー、普通社債、転換社債、新株予約権付社債などの発行、増資（株主割当、第三者割当、公募など）、外国の資金調達市場での起債によって、為替相場や金利相場の比較検討をしたうえで有利な調達を実現してきた実績もある。起債条件、償還条件などを勘案して、財務戦略を考えて行動してきた。

資金調達コストを推定してみよう

貸借対照表や損益計算書のデータから、借入金などの平均利子率を知ることができる。期首と期末の有利子負債の和を二で割ることによって、期中平均有利子負債残高を求めて、これを分母とする。一般に有利子負債は、長期・短期借入金、割引手形、社債などである。これに対する利子の名前は、借入金の場合、支払利息、割引手形の場合、支払割引料、社債については、社債利息となる。

有利子負債の平均利子率

$$= \frac{\text{負債利子総額}}{\frac{\text{期首有利子負債}+\text{期末有利子負債}}{2}} \times 100(\%) \cdots (1)$$

借入金・割引手形の平均利子率

$$= \frac{\text{支払利息割引料}}{\frac{\text{期首借入金}+\text{期首割引手形}+\text{期末借入金}+\text{期末割引手形}}{2}} \times 100(\%) \cdots (2)$$

財務諸表の作成規則では、支払利息と支払割引料は合算して支払利息割引料として表示されている。また、社債利息はそれとは区別することになっている。したがって、平均利子率も借入金・割引手形と、社債とに分けて計算することができる。

分子は、計算対象期間の負債利子総額である。会計期間が六か月間の場合は、利子の額を二倍にする。

(1)式は、有利子負債全体の平均利子率を求める算式である。

(2)式は、借入金・割引手形の平均利子率を求める算式である。

(2)式の借入金には、長期借入金のほかに短期借入金、一年以内に返済予定の長期借入金も含む。割引手形は、通常、貸借対照表に注記されているが、手形を担保に借り入れることと同じであるため、借入金と同様の扱いをする。

このように概算の利子率を算出しても、会計処理の方法によっては、現実の利子率と大きくかけ離れる場合も少なくない。

たとえば、割引手形の場合、割引料は前払いが一般的であるが、借入金の利息は前払いするときと、後払いするときがある。また、社債は後払いが一般的である。このように費用の支払方法はまちまちであっても、期末ごとに前払費用や未払費用として計上されていれば、各期に計上すべき金額が損益計算書に表れるが、そうした期間調整が行われていない場合は、貸借対照表の負債の額と関係がなくなってしまう。

借入金などが期中に平均していない場合、たとえば、期末に集中して借りている場合などでは、異常に計算上の利子率が低くなるし、逆に期末近くに返済が集中すれば、異常に利子率が上昇する。借入金に付随しての拘束性預金のある場合も、その実態がわからないと実質利子率はとらえられない。

資金運用面での財テクは上首尾か

資金の運用面での財テク度は、営業外収益に現れる。受取利息、受取配当金、有価証券売却益などである。運用は、余裕資金（余資《よし》）の運用と考えられがちであるが、余資が存在するからといって借入金がないわけではない。昨今では、借金して財テクに回すという財務戦略もとられている。

経常利益に対して財テク利益がどの程度貢献したかは、財テク度をみるには有効な指標である。

バブル期には、余資の一部を一時的に運用するという財テクではなく、財テクのために銀行などから資金を借り入れて運用に走った会社も多数あった。借入利率より運用利回りが高いことを前提に考えた結果である。だが、このような財テク頼みの営業外損益が、常にプラスへ針が振れていたとは限らない。マイナスになっている場合でも、そのマイナスを少なくするために財テクに走った会社もある。そこで、財テク利益の経常利益に対する貢献度をはかる指標が、営業外差益貢献度（財テク利益貢献度）(3)式である。

図表5—6　「金融派生商品」取引が関連して表面化した損失例

年	社　　名	損　失　内　容
1993	昭和シェル石油	為替予約で約1,650億円
1993	新日鉄化学	為替予約で約140億円
1994	鹿島石油	為替予約で約1,520億円
1994	東京証券	オプション取引などで約320億円
1994	日本航空	為替予約で約439億円
1995	日本酸素	スワップ取引で約120億円
1995	大和銀行	米国債の簿外取引で約11億ドル
1995	キッツ	子会社のオプション取引で約150億円
1996	住友商事	銅の簿外取引で約18億ドル
1998	ヤクルト	オプション取引などで約533億円

年次は、会社が発表した時点。

$$\text{営業外差益貢献度} = \frac{\text{営業外差益}}{\text{経常利益}} \times 100\ (\%) \cdots\cdots\cdots (3)$$

図表5—6は、20世紀末に発生した本業から乖離した「財テク失敗事例」である。

営業活動と資金繰りのマッチング

企業が経済活動を継続するためには、企業の営業活動と資金繰りをうまくマッチングする必要がある。営業・投資・財務の各活動について、各期の現金の増減を整理して示した表がキャッシュ・フロー計算書である。

営業・投資・財務活動の三つに区別して、四つのタイプの企業（C社・D社・E社・F社）のそれぞれの現金の増減を考えてみよう。図表5―7は、それを示している。

現金の流れ（フロー）から、貸借対照表や損益計算書では見えない財務状況を把握することができる。

C社は、新しい成長企業である。営業活動では現金を生む力はまだなく、活発な設備投資を行っている最中である。資金は外部から積極的に調達している。

D社は、C社よりは安定しているがC社同様に成長の途上にある。営業活動から現金を生み出してはいるものの、いぜんとして営業活動から生じる資金以上の設備投資を行っており、その資金は外部から調達している。

図表5―7　キャッシュ・フローからみた4つの企業タイプ

	C社	D社	E社	F社
営業活動	▲3	7	15	8
投資活動	▲15	▲12	▲8	▲2
財務活動	18	5	▲7	▲3
合計	0	0	0	3

グロービス編著『ＭＢＡマネジメント・ブック』（1995.7）ダイヤモンド社参照、98頁を参照。▲は、マイナスを示す。

Ｅ社は、成熟期に入り安定軌道に乗っている。営業活動から豊富な現金が生まれ、それを設備投資と借入金の返済に充当している。

Ｆ社は、初期の衰退期に入っている。営業活動から生じる現金はＥ社と比較すると減少してはいるもののプラスであり、投資機会も負債も少なくなっており、資金余剰（3）となっている。

第6章　いくら売れれば利益がでるか

——損益分岐点の話

損益分岐点比率とはなにか

どのような事業でも、売上高が費用よりも多くなければ利益はでない。黒字にならない。費用が売上高よりも大きければ赤字になってしまう。売上高と費用が同じなら、もうけはでないが、損失にもならない。この費用と同額になる売上高を損益分岐点（あるいは損益分岐点売上高）という。

また、売上高に対する損益分岐点の割合のことを損益分岐点比率という。これは、収益に対する安全度を推しはかる指標として用いる。たとえば、売上高が二、〇〇〇万円とする。損益分岐点が一、六〇〇万円であるなら、損益分岐点比率は八〇％《一、六〇〇万円÷二、〇〇〇万円＝〇・八》ということになる。また、（一－損益分岐点比率）×一〇〇（％）をマージン・オブ・セーフティ（margin of safety）という。この指標は、（一－〇・八）×一〇〇＝二〇％となる。

損益分岐点は売上高で表されるため、規模の大きい会社になればなるほど損益分岐点は高くなる。したがって、複数の会社を比較検討する場合、売上高の規模に左右されないよう、損益分岐点比率やマージン・オブ・セーフティを用い、収益に対する安全度を分析するとよい。損益分岐点比率は低いほど、つまりマージン・オブ・セーフティが高いほど、収益力は高いといえる。

企業業績の四つの変動パターン

普通、売上げが伸びると利益も伸びる。たとえば、売上総利益や営業利益も伸びる。しかし、売上げが倍になれば利益も倍になるというわけではない。薄利多売の影響や人件費などの諸経費が、かさんでくるからである。

企業業績を考えるといずれの企業も、つぎの四つのパターンに分けられる。

①売上げが倍になっても利益が減る「増収減益」、②売上げは横ばいか減少気味なのに、利益は増加する「減収増益」、③売上げの伸びにつれて利益も伸びる「増収増益」、④売上げも利益も減少する「減収減益」の四つである。

図表6―1は、仮に現在のわが社が●印の位置にあったとすると、来期はいずれかの方向

図表6―1　企業業績の4つのパターン

利益＼収益	減　収	増　収
増　益	○	◎
減　益	×	△

に移動する可能性のあることを示している。

横方向は、収益の変化（増収や減収）を示す。収益は、たとえば、商品別売上高としてみることもできるし、地域別、部門別、従業員別の売上高としてみることもできる。縦方向は、利益の変化（増益・減益）を示す。これも、売上総利益、営業利益、経常利益など、必要な情報を入れれば、簡単に動向を示すことができる。もし、今の●印の位置に来期もとどまるのであれば、わが社は収益においても利益においてもまったく変化がなかったことを意味する。そのような状況はまれである。普通はいずれかの方向に向かって進むはずである。

図表6―1における◎印は、増収増益を示しているが、一般的には、経営者自身にも、投資家・従業員・債権者にも好まれる領域である。○印は、減収増益を示している。とりあえず、増益を確保しているから、経営者も利害関係者から注文は付けられないであろう。一安心。△印は、増収減益を示す。売上高は向上したにもかかわらず、利益の確保が前年実績を下回ってしまったことを示す。増益要請が経営者に寄せられよう。そして×印は、減収減益を示す。上場企業であれば最悪の場合、経営者は経営責任を追及される。

売上高の増減傾向と利益の増減傾向が大きく異なる場合、原因として二つのことが考えられる。一つは売上げを確保するために薄利多売などのスパイラルに入ってしまい、利益を犠牲にしている原因の場合と、もう一つは企業の営業費用のなかに固定的な費用と変動的な費用がある原因の場合である。

固定費と変動費

売上げがあってもなくても必要な費用のことを固定費（不変費）という。製造業の場合は、操業度（生産能力の何%を使って生産しているか）とは関係なく発生する費用である。これに対して、売上げ（または操業度）の上下にともなって比例的に上下する費用を変動費（可変費）という。売上げに占める変動費の割合を、変動費率という。

製造業では、生産設備の減価償却費、従業員の給料、土地・建物の賃借料、固定資産税、火災保険料、支払利息などが固定費である。直接材料費、購入部品費、外注加工費、特許権使用料、出来高給、深夜残業手当などの超過勤務手当は、生産高、操業度に比例して増加するので、変動費である。

たとえば、販売業では売上原価、販売手数料、セールスマンの歩合給などが変動費である。

また、ある一定の生産高または売上高までは一定額しか費用は発生しないが、その限度（操業度）を超えると増加する費用もある。これを準固定費という。操業度が一定水準を超えると増加する修繕費、光熱費、通信費などが例である。ただし、最適操業度を確保するために、従来のプラントを大型プラントに置き換える場合、現在、仮に使用電気料金の定額支払（固定費扱い）契約を交わしていた場合には、大型プラントに移行後の電気料金は使用量によって支払額が変わる変動費扱いになる場合もある。固定費から変動費に変わる例である。また、工場からの運送量を定期的に積算して調査した結果、年間契約で運賃を決めていた物流システムを、閑散期と繁忙期に分けて運賃を決めた場合や、利用実績に応じて運賃を支払うシステムに切り替えた場合、荷造運送費は、固定費から準固定費や変動費に変わることもある。

ピザのお店を開業する

脱サラをして、ピザのお店を始めるとしよう。

店舗の賃借料が月額四〇万円、ピザ製造ならびに店舗における備品一式のレンタル料が月額八〇万円、従業員の給料が四五万円、その他の雑費が一〇万円必要であるとする。これらの費用は、売上高に関係なく必要となる費用である。すなわち、固定費は月額一七五万円となる。ピザの生地を作る材料費、水道光熱費、デリバリー（配達）サービスのための費用などはピザ価格の三〇％（変動費率三〇％という）とする。一、〇〇〇円のピザ価格のうち、変動費が三〇〇円、残りの七〇〇円が売上総利益（粗利益）となる。

この店の営業日が月に二五日とし、一日平均の売上げが、①八万円の場合、②一〇万円の場合、③一二万円の場合を想定して、それぞれの損益がどのようになるであろうか。図表6―2は、この経過を一覧表にしたものである。

一日に一〇万円売れば、収入と支出（または収益と費用）が同額となる。このように収支がトントンとなるところ、赤字から黒字に変わる峠のところの売上高を損益分岐点（損益分

図表6―2　ピザのお店の損益計算例

（8万円の場合） 月に直すと、売上げが200万円、変動費が60万円となる。変動費に固定費175万円を加えると、総費用は235万円となる。200万円の売上げに対して、かかる費用が235万円であるから35万円の赤字となる。
（10万円の場合） 1か月の売上げは250万円。変動費はその30％で75万円であるから、固定費175万円を加えると、総費用は合計250万円になる。売上高と総費用が同額となるので、損益はゼロになる。
（12万円の場合） 1か月の売上げは300万円、変動費は90万円となる。固定費175万円を加えると、総費用は265万円。これらをすべて支払っても手元に35万円残る。35万円の黒字となる。

売上高 － 変動費 ＝ 限界利益 ＝ 固定費 ＋ 営業利益

岐点売上高）という。つまり、固定費のすべてを回収し、採算ベースに乗るところ、採算点を損益分岐点という。一、〇〇〇円のピザ価格を稼ぐには、生地を作る材料費などの変動費が三〇〇円かかる。残りの七〇〇円を貯めていって、これで固定費の一七五万円を支払うのである。

売上高から変動費を差し引いたものを、限界利益という。ピザ代金を受け取るたびに、手元に残る限界利益が積もり積もって一七五万円になったとき、店舗の賃借料から設備のレンタル料、給料、雑費などのすべての固定費を支払うことができる。売上高から変動費を差し引くと、残るのは固定費にあたる部分と営業利益にあたる部分である。つまり、限界利益は、固定費と営業利益を合わせたものである。

営業レバレッジ

ピザのお店の場合は、一日に一〇万円、月に二五〇万円の売上げがあれば収支がトントンになった。この損益ゼロになるときの売上高を損益分岐点売上高という。

いま、この損益分岐点売上高をスタート点として、売上高を二〇%ずつ増減させた時、限界利益と営業利益がどのように変化するか、計算する。その結果が、図表6―3である。

営業利益の増減率は、売上高が二五〇万円から二〇%増加・減少すると、営業利益はゼロからスタートしているため増減率は無限大（∞）・無限小（マイナス∞）となる。さらに二〇%ずつ増加・減少すると、増収の場合は、無限大から一二〇%、六五%増、減収の場合は、無限小から八〇%、三八%減と、漸増《ぜんぞう》・漸減《ぜんげん》する。ここで注目に値するのは、売上高の

図表6—3　営業レバレッジ

前提：固定費　175、変動費率　30%　　（単位：万円）					
売上高	増減率（%）	限界利益	営業利益	同増減率（%）	レバレッジ（倍）
432	20	302	127	65	2.3
360	20	252	77	120	3.2
300	20	210	35	∞	6
250	—	175	0	—	—
200	−20	140	−35	-∞	−4
160	−20	112	−63	-80	−1.7
128	−20	89	−87	-38	−1.1

$$\text{営業レバレッジ} = \frac{\dfrac{\text{営業利益の増分}}{\text{営業利益}}}{\dfrac{\text{売上高の増分}}{\text{売上高}}}$$

$$\frac{\dfrac{\text{営業利益の増分(35)}}{\text{営業利益(35)}}}{\dfrac{\text{売上高の増分(50)}}{\text{売上高(300)}}} = \text{営業レバレッジ(6)}$$

増減率二〇%と比べるといずれも大きい点である。

このように売上高の増減率と営業利益の増減率が異なるのは、すでに述べたように、売上高(製造業ならば操業度)の変化によって、影響されない固定費が存在するからである。固定費があるために、売上高(操業度)がほんの少し変わるだけで営業利益が大幅に変化する。別のいい方をすれば、売上高の増減に対して固定費が「てこ(レバー)」の役割を果たして、利益の増減率を増幅しているのである。これを営業レバレッジという。図表6—3の右端にある営業レバレッジの倍率は、営業利益の伸び率を売上高の伸び率で割って求める。

たとえば、売上高が三〇〇万円のときの営業レバレッジは、つぎのように計算する。

営業利益の増分は、売上高が三〇〇万円のとき(営業利益はゼロ)からの増分であり、売上高の増分は同じく売上高三〇〇万円からの増分である。

この算式から明らかなように、営業レバレッジは、売上げが伸びた(または減少した)とき、営業利益がその何倍伸びる(縮む)か、を計算するものである。

営業利益の伸び率が大きければ大きいほど(つまり、損益分岐点売上高に近いほど)、また売上高の伸び率が小さければ小さいほど、営業レバレッジは大きくなる。このレバレッジの倍率が大きいときは、売上高が少し増加しただけでも営業利益を大きく増加させられる。

逆に、少し売上高が減少しても、大幅な減益を招くことになる。

売上総利益（粗利益）と限界利益

売上高から商品の仕入代金または製品の製造原価を差し引いたものが、粗利益《あらりえき》（粗利《あらり》ともいう）である。商品販売業でいう商品販売益、正式には売上総利益である。

他方、限界利益というのは、売上高と変動費の差である。限界利益は、固定費と営業利益の合計でもある。この限界利益で固定費をまかなって初めて利益が出る。

製造業の場合、製品の製造原価のなかに固定費の性格をもつもの（たとえば、労務費、減価償却費など）も多いが、商品販売業の場合は、売上原価がそのまま変動費となり、売上原価以外の変動費というのはきわめて少ない。したがって、商品販売業を前提とすると、粗利益イコール限界利益ということになる。

限界利益というのは、「どうにか採算が取れる」とか、「損をしないぎりぎりの」、「収支トントンの」といったニュアンスで使われる。

限界利益率によって損益分岐点を求める

売上高一、〇〇〇円のなかに、何円の限界利益が含まれているのか、を表すものが限界利益率である。次頁の(a)式参照。

損益分岐点は、損失と利益の分岐点、分水嶺である。赤字でも黒字でもないときの売上高をいう。限界利益をすべてつぎ込んでようやく固定費をまかなえた状態である。

限界利益が固定費とイコールだとしたら、限界利益率はどうなるであろうか。

限界利益イコール固定費のときは、(b)式のようになる。

この算式から、損益トントンのときの売上高、つまり損益分岐点売上高を求める公式を求めることができる。

損益分岐点売上高はこのように、固定費と限界利益率がわかれば計算できる。

ピザの店の場合、固定費が一七五万円、限界利益率七〇％であるから、損益分岐点売上高は、二五〇万円（＝固定費（一七五万円）÷限界利益率（〇・七））となる。

$$\text{限界利益率} = \frac{\text{限界利益}}{\text{売上高}} \times 100\ (\%) \cdots\cdots\cdots\cdots\cdots \text{(a)}$$

$$\text{限界利益率} = \frac{\text{固定費}}{\text{売上高}} \times 100\ (\%) \cdots\cdots\cdots\cdots\cdots \text{(b)}$$

損益トントンのとき

$$\text{限界利益率} = \frac{\text{固定費}}{\text{売上高}} \times 100\ (\%)$$

両辺に売上高を掛けると

$$\text{売上高} \times \text{限界利益率} = \text{固定費}$$

つまり、

$$\text{売上高} = \frac{\text{固定費}}{\text{限界利益率}}$$

このときの売上高が損益分岐点売上高であるから

$$\text{損益分岐点売上高} = \frac{\text{固定費}}{\text{限界利益率}} \cdots\cdots\cdots\cdots \text{(1式)}$$

$$\text{損益分岐点売上高} = \frac{\text{固定費(175万円)}}{\text{限界利益率(0.7)}} = \text{250万円}$$

$$\text{損益分岐点売上高} = \frac{\text{固定費}}{\text{限界利益率}}$$

$$= \frac{\text{固定費}}{(1-\text{変動費率})} \quad \cdots\cdots\cdots\cdots\cdots \ (2\text{式})$$

$$\text{損益分岐点(売上高)} = \frac{\text{固定費}}{\left(1-\dfrac{\text{変動費}}{\text{売上高}}\right)} \quad \cdots\cdots\cdots\cdots\cdots \ (3\text{式})$$

変動費率から損益分岐点を求める

売上げに占める変動費の割合を変動費率という。限界利益率は、（1－変動費率）と同じであることから、（1式）を（2式）のように変形できる。

（2式）の（1－変動費率）を書き換えると、（3式）が得られる。この式は、（1式）、（2式）と異なり、すべて実数が使われている。この（3式）が一般に損益分岐点を求める公式といわれている。

$$\text{損益分岐点比率} = \frac{\text{固定費}}{1 - \dfrac{\text{変動費}}{\text{売上高}}} \div \text{売上高}$$

$$= \frac{\text{固定費}}{\text{固定費} + \text{利益}} = \frac{\text{固定費}}{\text{限界利益}}$$

損益分岐点比率

損益分岐点が五、○○○万円であるA社が、当期に六、○○○万円の売上げがあったとする。B社は、損益分岐点が二、○○○万円で、当期の売上げが三、○○○万円であったとする。両社とも、赤字に転落するラインよりも売上高が一、○○○万円上回っていることになる。一、○○○万円という金額ではA社、B社いずれにとっても同じである。しかし、両社の安泰度《あんたいど》（ゆとり度・余裕度）は同じではない。A社は、二割の減収になれば赤字会社に転落する。B社は三割の減収でも黒字を維持できる。

損益分岐点は、このように会社間の安泰度を比較するために用いることもできる。一般に、損益分岐点という場合には、損益分岐点売上高を指すことが多いため、安泰度を示す指標をここでは、損益分岐点比率（損益分岐点水準ともいう）という。

損益分岐点比率は、損益トントンのときの売上高（損益分岐点売上高）と当期の実際の売上高を比較して求める。

損益分岐点は固定費を限界利益率で割って求めたが、ここでは固定費を限界利益の実数で割って求める。この比率は、当期の売上高のうち何％が損益トントンの売上高であったかを示すことになる。当然ながら、異なる企業を比較するためには、業種によっても年度によってもバラツキがあるので、業種と時期が同じデータでなければ意味がない。

何個、売れれば損益がトントンになるか

損益分岐点を販売数量で求めることもできる。販売会社や販売店の場合、月に何個（何台、何本、何組）売れれば損益がトントンになるかという方がわかりよい。

販売単価をP、販売数量をQ、固定費をF、変動費をV、損益分岐点の販売数量をXとする。

$$PX = V + F$$

$$= \frac{V}{Q}X + F$$

$$X = F \div \left(P - \frac{V}{Q}\right)$$

$$\frac{損益分岐点}{販売数量} = 固定費 \div \left(販売価格 - \frac{変動費}{販売数量} \right)$$

$$X = 400,000 \div \left(300 - \frac{300,000}{2,500} \right) = 2,222個$$

損益分岐点の売上高PXは、変動費Vと固定費Fの合計となり、Vは、一個当たりの変動費に販売数量を掛けたものであるから、前頁の公式のようになる。

いま、平均価格三〇〇円のドリンク付きのハンバーガー・セットを月に二、五〇〇セット売っている店があるとしよう。その時の変動費が三〇万円、固定費が四〇万円であったとする。上の公式から、損益分岐点の販売数量を求めると、二、二二二セットで損益分岐点販売数量に到達できる。

目標利益を達成するための売上高はいくらになるか

損益分岐点を求める公式がわかれば、売上高が一〇%伸びたときの利益、あるいは売上高が半減したときの利益（または損失）などを簡単に求めることができる。

図表6—4　売上高の変化と利益の変化（単位：万円）

売上高	変動費	固定費	営業利益
1,600	960	800	−160
1,800	1,080	800	−80
2,000	1,200	800	0
2,200	1,320	800	80
2,400	1,440	800	160

$$\text{損益分岐点} = \frac{\text{固定費}}{\text{限界利益率}} \quad \cdots\cdots(1)\text{式}$$

$$\text{目標利益を達成するための売上高} = \frac{\text{固定費}+\text{目標利益}}{\text{限界利益率}} \quad \cdots\cdots(2)\text{式}$$

$$\text{目標利益を達成するための売上高} = \frac{800+200}{0.4} = 2{,}500\text{万円} \cdots\cdots(3)\text{式}$$

$$\text{目標利益達成の販売数量} = \frac{400{,}000 + 150{,}000}{300 - \dfrac{300{,}000}{2{,}500}} = 3{,}055$$

$$3{,}055 - 2{,}500 = 555\text{個} \cdots\cdots(4)\text{式}$$

図表6—4は、損益分岐点の売上高二、〇〇〇万円から、一〇％および二〇％増収または減収となったとき、利益にどのような変化がおこるかを計算したものである。

図表6—4の諸条件において、営業利益を二〇〇万円確保するためには売上げをどれだけ伸ばせばよいか。この計算は、損益分岐点の公式を応用すれば算出できる。

前頁の⑴式は、固定費を全額回収するために必要な売上高を求めるものである。したがって、これを固定費と目標利益をカバーする算式、⑵式に書き直せばよいことになる。

営業利益を二〇〇万円確保するためには、⑶式となる。

目標利益を達成するための売上高が計算できれば、その目標利益を達成するための販売数量も計算できる。これを示すのが、⑷式である。

さきのハンバーガー・ショップの数字を使って計算してみると、平均価格三〇〇円のドリンク付きのハンバーガー・セットを月に二、五〇〇セット売っている。その時の変動費が三〇万円、固定費が四〇万円であった。月の利益は五万円（七五万円－七〇万円）であるから、これを一五万円（目標利益）にするには何個売ればよいか。前頁の⑷式の計算からわかるように、月に五五五セット、日に直して一八セットから一九セットの売上増を心がければ、目標利益に到達できる。

利益図表（損益分岐点図表）から損益分岐点を求める

図表６―４を見ると、損益分岐点から売上げが一〇％増減したとき、営業損益はゼロから八〇万円増減する。売上げが二〇％増減すると、営業損益は一六〇万円増減する。

結果的に、売上げが一〇％増加（減少）から二〇％増加（減少）へとわずかに変化しても、営業利益（損失）は八〇万円から一六〇万円へと大きく振幅する。

固定費があるために、売上げの増減と営業利益の増減は同調しないのである。損益分岐点を境として、売上げが伸びれば伸びるほど、営業利益はそれを上回る比率で伸びる。ちょうど、この損益分岐点が「てこの支点」のような役割を果たしている。

この売上高と営業利益の関係は、図表６―５のような利益図表（損益分岐点図表ともいう）を作るといっそう明瞭になる。

利益図表は、普通グラフの原点０から、同じ長さで横軸に売上高、縦軸に売上高と費用の目盛りをとる。原点０から対角線（四五度線）を引くと、この線上の各点は横軸からも縦軸からも等距離となる。これを売上高線とよぶ。

つぎに縦軸上で固定費水準を確保して、横軸に平行な直線を引く。固定費線である。売上高の増減に関係なく一定額の費用が発生すると考えるので、固定費線は傾きをもたない。売上高がゼロでも、固定費が発生するからである。

この固定費線と縦軸の交わった点から変動費線を引く。変動費は一定の傾きをもつ。売上

図表6―5　利益図表（損益分岐点図表）

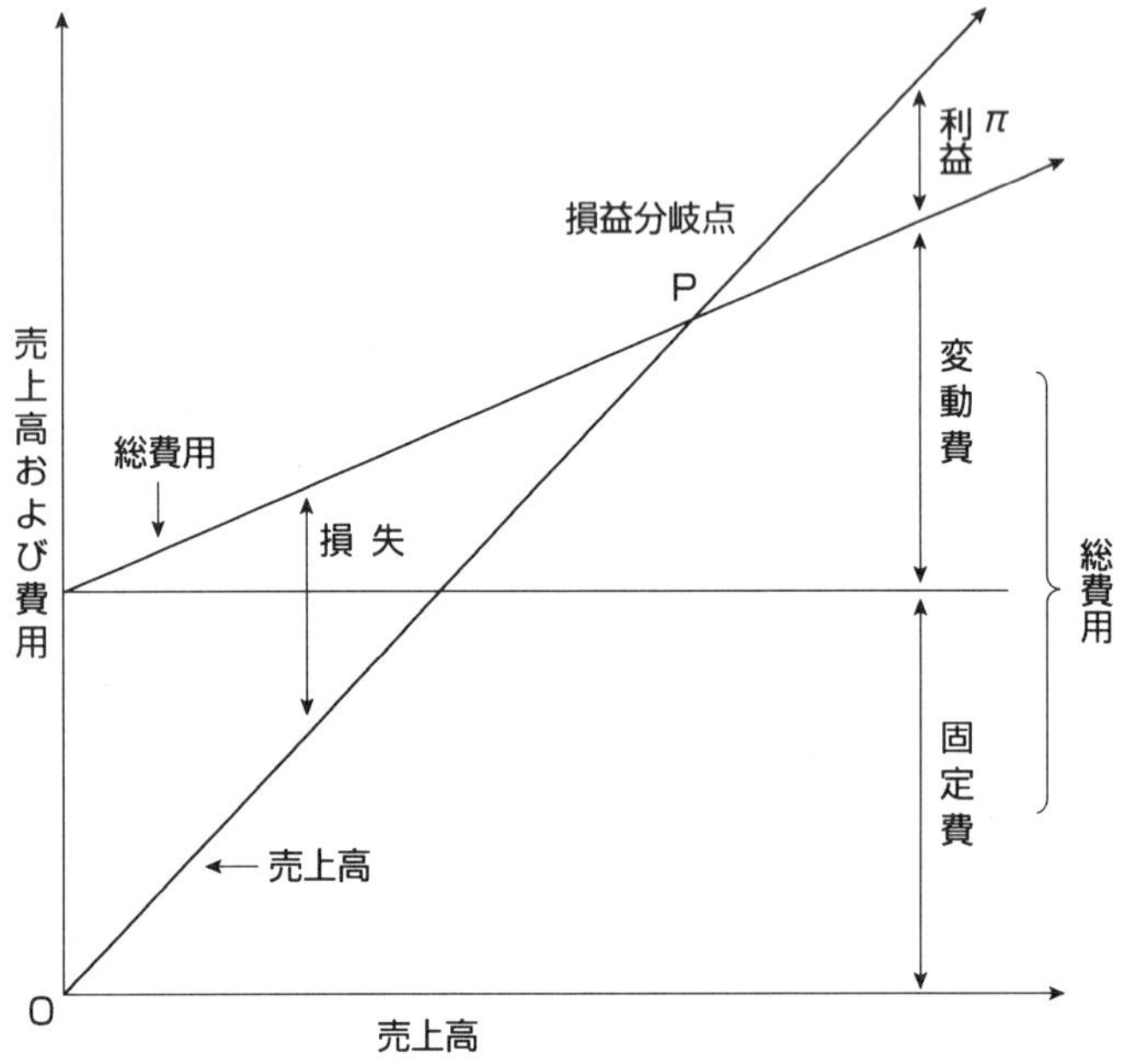

高の伸びに応じて、費用が加算されるからである。

固定費に変動費を上乗せした（加えた）直線が、総費用線である。売上高は、交点Pから垂直に線を引いて横軸上の数字を読めばよい。

総費用線と売上高線の交点Pより、売上高が右へ移動（つまり増加）すれば利益が生まれ、左へ移動（つまり減少）すれば損失が生まれる。したがって、この交点Pのときの売上高が損益分岐点売上高ということになる。売上高がP点より右へ移動するにつれて急速に利益が膨ら

図表6—6　利益図表（総費用線が3次関数の場合）

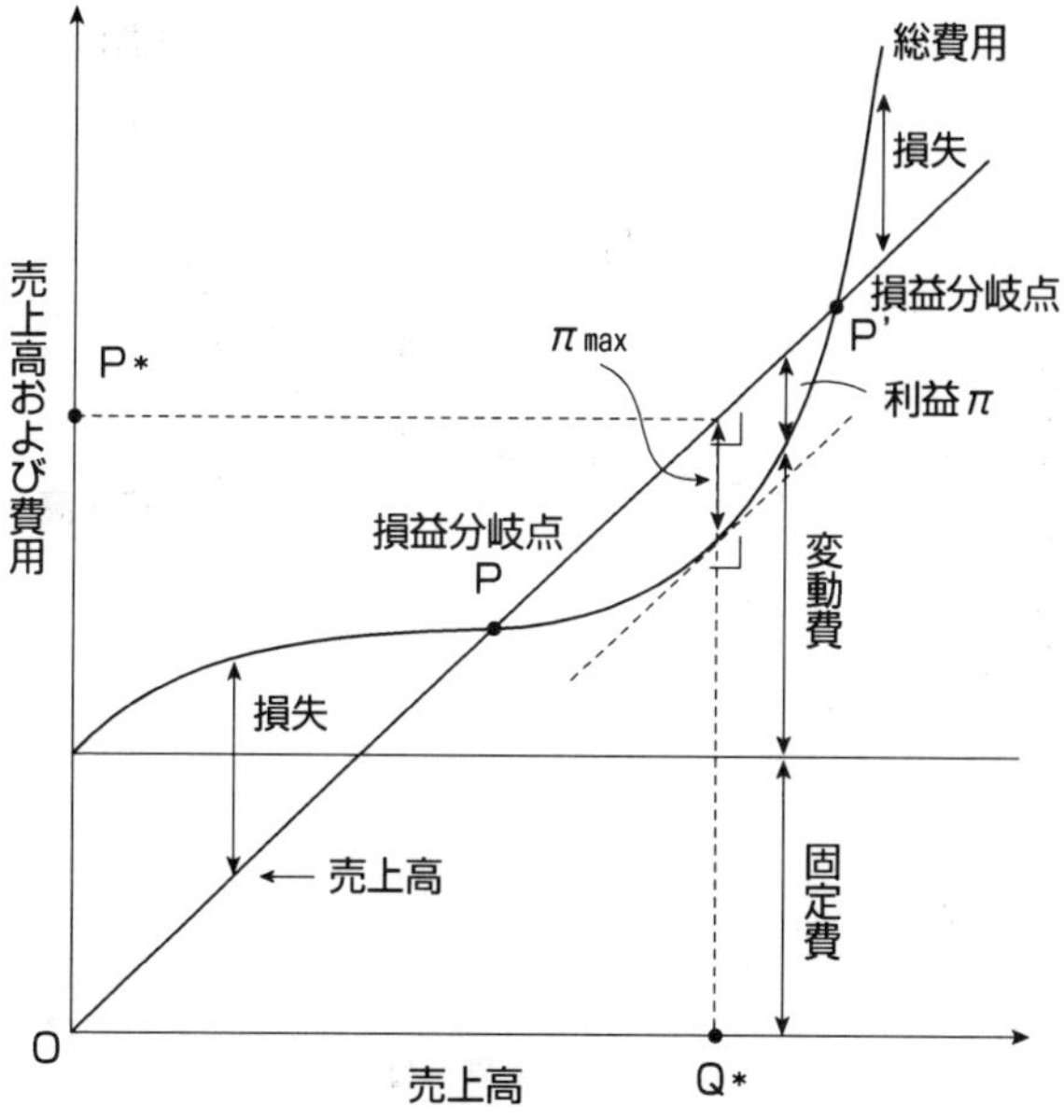

み、左へ移動すればどんどん損失がでることが簡単に読み取れる。

図表6—5においては総費用線が直線（横軸に示される売上高・生産高に応じて常に変動費は一定で増加する）であったが、これを仮に3次関数（費用が生産高によって増加（ただし、逓減・逓増する））場合、図表6—5上の損益分岐点Pは、図表6—6が示すように二つ現れることになる。P、P′である。交点Pは、総費用線が売上高線を上から横切ることになる。それに対して、交点P′は、総費用線が売上高線を下から横切ることになる。交点Pと交点

図表6―7

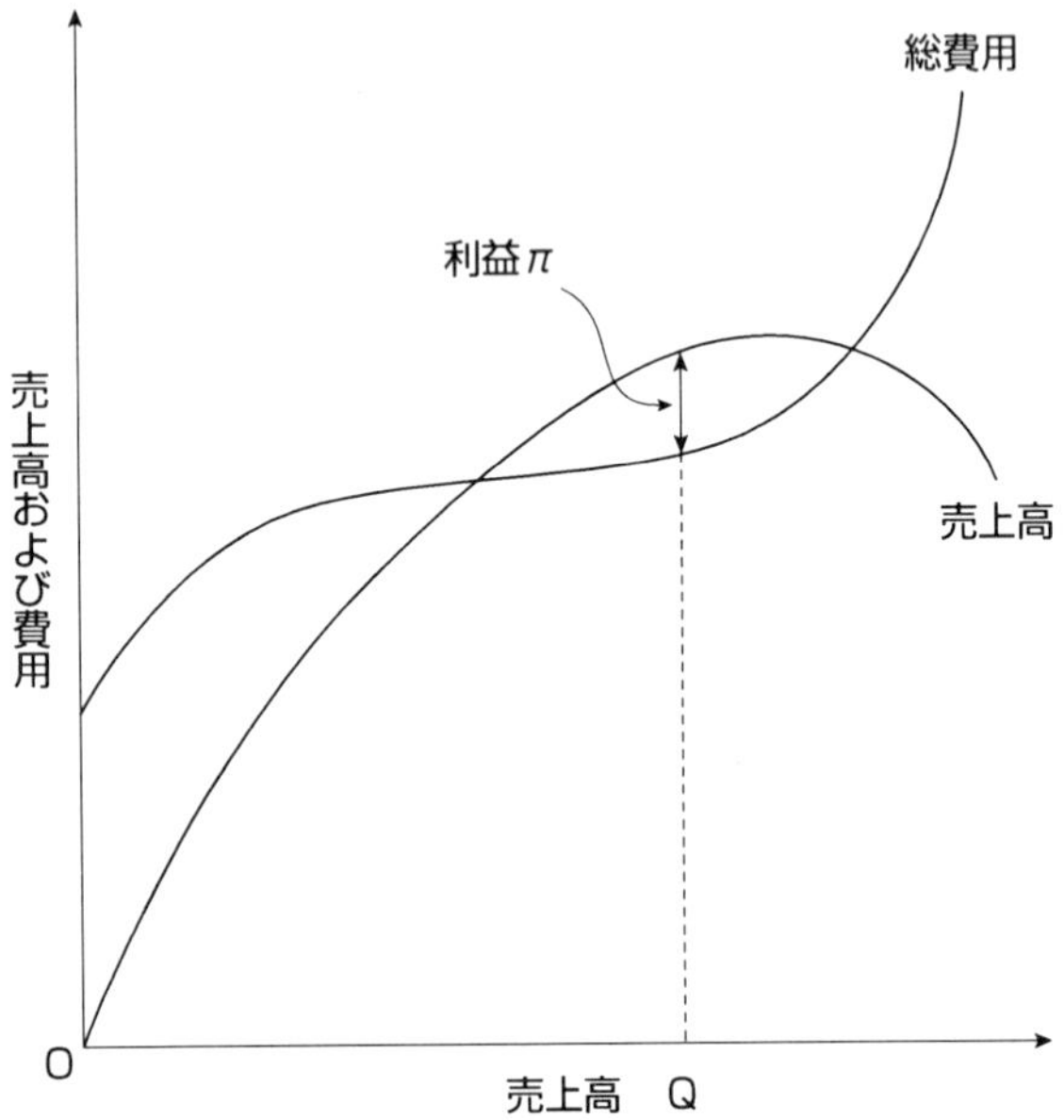

P′の間の凸レンズ型のエリアが、利益を示す。このエリアで操業することが望まれる。その中で、もっとも利益πが最大になるのは、総費用線と売上高線が平行となる一点、売上高Qである。

図表6―5においては、財を生産する場合、たとえば、一単位目の財の生産から、十万単位目の財の生産まで同じペースで変動費が増加するという仮定が維持されていた。図表6―6では、変動費が増加する意味では一貫して増加するのではあるが、その変動費の増加するペース（限界費用という）が、逓増（徐々に一単位増産する

度に変動費がかさむように（高価に）なる状態）から逓減（一単位増産する度に変動費が加算はされるが安価で済むようになる状態）へ、そして逓減から逓増へ変わっていく場合も説明できるように、工夫がこらしてある。この方が一般的な状況を表すことができるようになる。同じ生産設備の下で描く総費用線であるならば、この図表6―6は少量生産をしている場合と、大量生産をしている場合を描くことができるからである。

また、図表6―6においては、短期の総費用曲線である場合を描いているが、売上高線が仮に直線からボールを空へ投げた場合のような放物線を描く形で軌跡を描いたとしたら（図表6―7）、消費者が満足度（効用という）を充足していく過程において購入しても良いと考える価格と数量を一単位目から十万単位目までの間に、逓減させていくことを示すことができるようになる。

市場は、このように生産と消費の両者の関係によってより一般的な合意点を形成するように、需要量・需要価格と供給量・供給価格は一点に向かって形成される。ただし、その一点に向かうことが安定しているかどうか、それはまた、別のお話である。短期総費用曲線を包絡させることにより、長期総費用曲線を描くことができる。関心のある読者は経済学におけるミクロ経済学（微視的経済理論）関係を学習されることをお勧めする。視野が広がる。

図表6―5で学んだ損益分岐点図表は、総費用線において、生産した（あるいは生産す

る）財・サービスはすべて同じペースで費用として一単位目から十万単位目まで加算されるという前提で描かれていた。現実社会では生産数量が増えれば、費用の増加の仕方は逓減に向かう場合が多々ある。図表6―6は、そのあたりを改善したものである。また、売上高線も作ったものがすべて完売するという前提で描かれている。市場原理が働けば、そのような理想郷は決してありえない。在庫が発生してしまうことになる。図表6―7は、この点を考慮した図表である。

第7章
会社は成長しているか

会社には成長期・安定期・衰退期がある

会社が成長しているかどうかを分析するとき、対象とする会社だけを分析してみても、成長性、将来性を読むことはできない。いずれの会社もたいていはどこかの産業に属していて、その産業の盛衰とともに歩んでいるからである。分析対象とする会社が、現在、成長産業に属しているか、成熟産業に属しているか、あるいは斜陽産業に属し新たな活路を見いだそうとしているのか。そのような点についても関心を払わなければならない。

会社がどれくらい成長したかは、主に、売上高の伸び（率）、設備の増加（率）、従業員数の増加（率）などの指標を頼りに、総合的に考えることが必要となる。当然ではあるが、機械化の進んだ産業では、従業員数より設備投資が決め手になる。一方、労働集約型の産業では、会社の成長には従業員増が欠かせない。したがって、成長性をみるためにはこのような個別の事情も考慮する必要がある。

「売上げがすべて」の落とし穴

売上至上主義のために資金繰り（資金調達）がうまくいかず、倒産した例はいくらもある。資金不足を（資金の）ショートともいう。ショートとは、ショーテッジ（shortage）、つまり「不足」のことである。

会社の身体の大きさに応じて、血液にあたる資金も必要になる。その手当てがないまま、あるいは追いつかないまま、事業の拡大路線を突っ走れば、倒産する可能性が高くなる。

少し古くなるが、一九九一年一二月には、お好み焼きFC本部のとうりゃんせフードシステムが負債総額六七億円で破綻した。粗利益率（一〇〇円の売上げに占める粗利益の割合）は七五％もあったという。年間一五店舗も新規開店し、資金繰りがつかなくなったのである。出店のたびに、原材料費をうかせるために、スタート時に使っていた原材料の質を落して従来の味を守れなかった結果、客離れをもおこしてしまったことも破綻原因の一つといわれる。

一九九二年二月に和議申請したステンレス・インテリア製品を作るダイチも年商一〇〇億

円近くまで伸びたものの、事業の多角化と先行投資が裏目にでて資金繰りにつまずいた。

一九九三年三月には、プレハブ駐車場の六〇％のマーケット・シェアを握っていたジャストジャパンが破産した。株式公開も予定された急成長会社であったが、三〇〇億円もの売上げを計上していたにもかかわらず、営業利益は五億円にも満たなかった。販売拠点は全国に八一か所、社員は五七〇名であったが、売上拡大にのみ目を奪われ、コスト計算ができなかった例である（日経ベンチャー編『ケース・スタディ企業倒産』日本経済新聞社により）。

また、売上至上主義のために、不良債権を明らかにできず、墓穴を掘ってしまった例もある。山一證券は、一九九七年一一月に巨額の簿外債務（貸借対照表に記載されない債務、帳簿にのらない債務）が原因で、債券格付機関から投機的銘柄（投資対象としては不適格ぎりぎり）のレッテルを貼られて信用が失墜し、資金繰りがつかなくなって、自主廃業に追い込まれた。同社は、多額の債務を海外に飛ばしてその事実を隠してきたが、二、六〇〇億円の簿外債務が表にでた九八年三月期決算では二二五億円の債務超過に陥ってしまったのである。

さらに、親会社が子会社の借入に対する債務保証を行って、その後、子会社の資金繰りがうまくいかなくなって、親会社がその債務を子会社に代わって弁済する義務を負ってしまい、親会社自身が倒産した例もある。債務保証にも要注意である。

同業他社と比べてみる

去年と比べたり、一昨年と比べて売上げがどの程度増加したかを計算したり、部門別、営業所別、製品別、地域別などで売上高を算出すれば、成長性を具体的に把握できる。

しかし、ある業界において今年の成長率が五％であるときに、わが社の伸び率も五％ということであれば、同業他社との比較において、まったく成長がなかった、と解釈することもできる。わが社が三％成長であったら、実は、マイナス二％成長とみなすべきかもしれない。

「かもしれない」というのは、三％成長も五％成長も、プラス成長には違いないからである。だが、市場全体が成長しているときに、その成長についていけていないということは、マイナス成長であると考えたほうがよい。

売上高の伸び率で成長性をみるとき、業界平均より上回っているとき初めて、成長性が高いといえる。

売上高を伸ばすためには、製造業の場合には、生産設備の増強、小売業の場合には、店舗拡大などの策をとらざるをえない。たいていの成長著しい会社は、設備投資のペースは、かなり早いはずである。

設備については、貸借対照表の固定資産の項目を去年や一昨年と比較すれば、どの程度増強されているかがわかる。詳細については、有価証券報告書の有形固定資産明細表に当期増加額（減少額）や主要な増減事由が書いてある。また、有価証券報告書には、設備の状況のなかで、期末現在の設備について、主要事業所別の設備への種類別投下資本額、賃借設備などが記載されているので、そのデータからも設備投資の内容をうかがい知ることができる。

従業員の増減についても、有価証券報告書の従業員の状況に記載されている。

Zグラフを使って対前年度比較！

ここで、二年間の売上高データを活用することによって、わが社が前年度と比較して今年度がどのような軌道をたどっているのか、趨勢《すうせい》（トレンド）をとらえるのに便利な「Zグラフ」を紹介しよう。

売上高を通してわが社が成長期を迎えているのか、それとも安定期を迎えているのか、あるいは衰退期に向かっているのか、一瞥《いちべつ》できる。

Ｚグラフは三つのグラフ、すなわち、①月別売上高、②売上高累計、そして③移動合計のグラフからなる。これらの売上高グラフを同じ空間（紙幅）に描くのである。例示するために、図表７−１は、この三つのデータを二年分（二〇×一年度一月から二〇×二年度一二月まで）示している。①は月別の売上高を、②は各月の売上高の累計結果を示している。③の移動合計（売上高）は、×二年の同月と×一年の同月を比較して純増減額を×一年の十二月現在の売上高累計額に加減算したものである。

②の二〇×一年一月の欄は一月、一か月間の売上高、二月の欄は、一月と二月の二か月間の売上高の累計額を、三月の欄は、一月と二月と三月の三か月間の売上高の累計額を示している。したがって、二〇×一年の一二月の欄には、同年の一年分の売上高合計金額を示すことになる。

③は、二〇×二年一月から始まっているが、これは前年度の同じ時期の売上高と今年度の売上高を比較することによって、今年度の売上げは去年の同じ時期と比較して増加したか、あるいは変わらないか、それとも減少したかを観察することによって、情勢をとらえようとするものである。

図表７—１　月別売上高・売上高累計・移動合計売上高

（単位：億円）

年　　月	①月売上高	②累　　計	③移動合計	④傾　　向
20X1.1	600	600		
2	350	950		
3	300	1,250		
4	300	1,550		
5	450	2,000		
6	600	2,600		
7	750	3,350		
8	800	4,150		
9	650	4,800		
10	400	5,200		
11	500	5,700		
12	800	6,500		
20X2.1	700	700	6,600	↗
2	650	1,350	6,900	↗
3	450	1,800	7,050	↗
4	400	2,200	7,150	↗
5	450	2,650	7,150	→
6	500	3,150	7,050	↘
7	450	3,600	6,750	↘
8	400	4,000	6,350	↘
9	350	4,350	6,050	↘
10	500	4,850	6,150	↗
11	750	5,600	6,400	↗
12	500	6,100	6,100	↘

図表7—2　月別売上高グラフ・売上高累計グラフ・Zグラフ

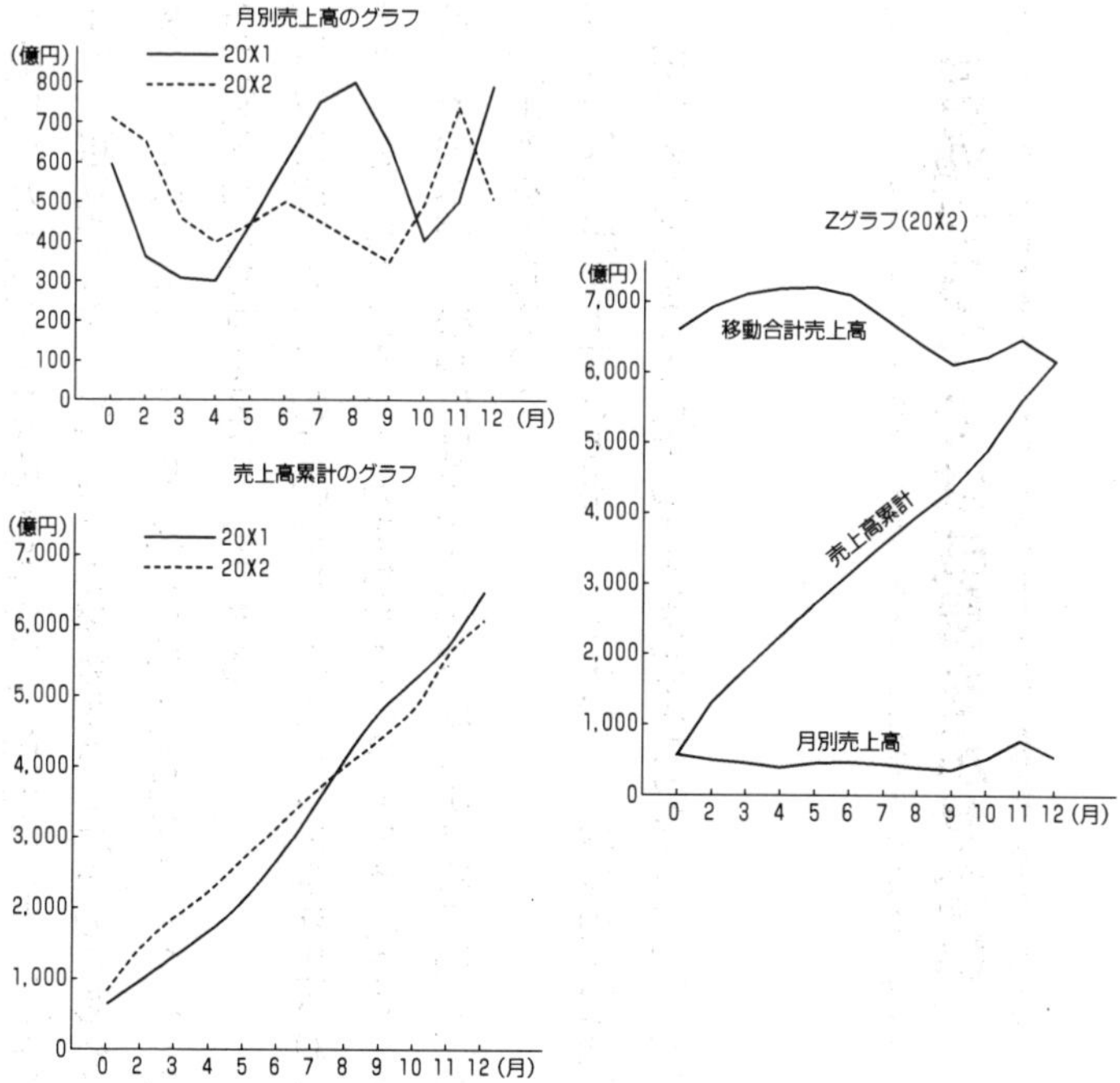

③の二〇×二年一月の移動合計（売上高）欄は、この月の売上分（七〇〇億円）と二〇×一年の一月の売上分（六〇〇億円）を比較して、その増減額（プラス一〇〇億円）を二〇×一年の一二月の売上高累計（六、五〇〇億円）に反映させたものである。たとえば、二〇×二年六月の移動合計売上高欄は、この月の売上分（五〇〇億円）と二〇×一年の六月の売上分（六〇〇億円）を比較して、その増減額（マイナス

一〇〇億円）を二〇×二年の五月の売上高累計（七、一五〇億円）に反映させたものである。④は、移動合計売上高グラフの趨勢を示したものである。

図表7―2は、（二〇×二年度）月別売上高グラフと売上高累計グラフに、移動合計売上高グラフを重ね合わせたZグラフである。

Zグラフにおいて、このZの字が、右上がりに描き出されたとき、二年間において成長期にあることを示している。Zの字が右下がりに描き出されたとき、衰退期にあることを示している。その中間（横軸にほぼ平行の状態で示されている）程度にZの文字が描き出されたとき、安定期を示している。

Zグラフは、総売上高で考察してもよいし、地域別・部門別・製品別・従業員別・店舗別など、視点を変えることによってさまざまなグラフに加工することができる。応用範囲が広い。

普通グラフでは成長を示せない

会社の成長性を視覚に訴えるためには図表を用いることが有効である。だが、その表現の仕方によっては誤解（ミスリード）してしまうこともある。次に示す図表7―3は、二つの会社の五年間の売上高の推移を示している。図表7―4は、両社の売上高の変化を普通グラフ（縦軸と横軸に等分目盛りがつけられた方眼紙に描いたグラフ）に描いている。

A社とB社を比較した場合、B社のほうがはるかに急成長しているようにみえる。しか

図表7―3　2社の「売上高」

年度	A社	B社
1	1,250億円	3,520億円
2	1,625	4,576
3	2,112	5,948
4	2,746	7,773
5	3,570	10,053

図表7―4　普通グラフによる成長の表示

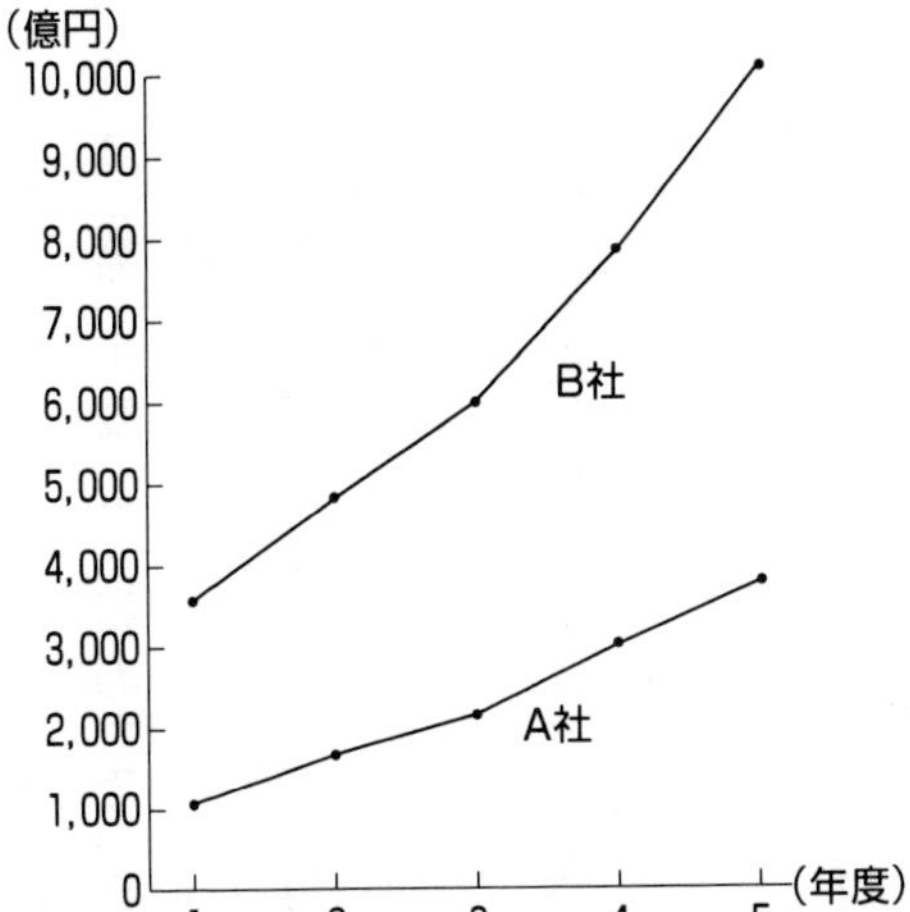

し、実は、A社とB社の売上高の成長率は年率三〇％、同じペースで伸びるように設定してある。それを普通グラフで表すと、基準年度（第一年度）の金額の大きいB社のほうが、金額の小さいA社よりも急成長しているように表現される。

このことからわかるように、普通グラフは絶対額の変化を表現することはできるが、伸び率（変化率）を人間の視覚に訴えようとするときには適さないことがわかる。

また、普通グラフは、桁が大きくなる異なる複数の時系列データを比較する場合にも適さない。たとえば、普通グラフの上に売上高と経常利益の推移を表すとすれば、折れ線グラフか棒グラフで描く。しかし、よほど縦長のグラフにしないと、二つの数値（一方は数千億円、他方は数百億円）を一つのグラフの上に表すことは難しい。

このグラフを二つのグラフ（売上高のグラフと経常利益のグラフ）とみれば、誤解は生じないかもしれない。だが、二つの時系列データの間に相関関係（売上高と経常利益の成長速度に一定の関係があるかどうか）を求めようとすると、誤った結論を引き出しかねない（田中　弘著『会社を読む技法』白桃書房より）。

そこで、成長率を錯覚なく表示するためには、片対数《かたたいすう》グラフという種類のグラフを用いるとよい。このグラフは、図表7―5のグラフに示したように、横軸は等間隔の算術目盛り（普通グラフと同じ）であるが、縦軸を対数目盛りにしたものである。このグラフを使えば、倍率（成長率）が同じなら、単位が異なる数値の変化でも、同じ傾きとなって表される。

片対数グラフの構造は、つぎのようになっている。

縦軸の対数目盛りは、原点を一としても、一〇〇としても、一、〇〇〇としても、一〇、〇〇〇でもよい。グラフ化する数値の大きさによって、原点の値を決めればよい。目盛りが一つ上がるごとに、一、二、三、四あるいは、一〇、二〇、三〇、四〇のように二倍、三倍、四倍というように目盛りが変わり、位取りが変わるとそこからあらためて、二倍、三倍、四倍となる。図表7―5の目盛りのように、一、二、三、四……一〇となると、つぎからは二〇、三〇、四〇のようになる。小さな数値と大きな数値を一つのグラフに描くには便利である。

図表7―5　片対数グラフとその利用例

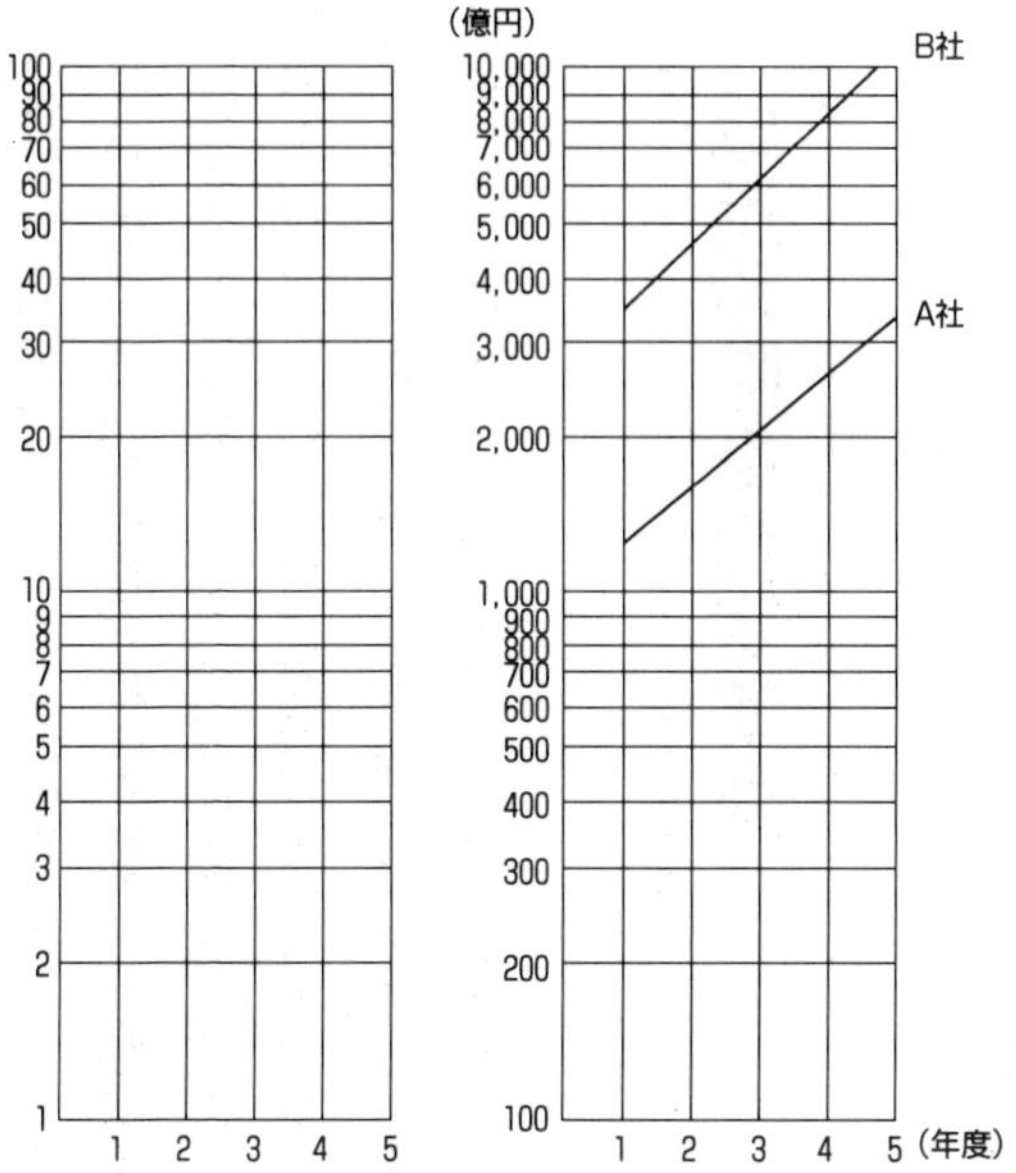

念のため、さきに掲げたA社とB

社の成長性を片対数グラフで表したのが図表7―5の右側のグラフである。グラフから、A社とB社がまったく同じ成長を続けてきたことがよくわかる。

片対数グラフが成長の実態を視覚に訴える方法としていかに適しているか、また、成長性や趨勢を表現しようとして普通グラフを使うとグラフがいかに錯覚を与えるかを認識しておく必要がある。このことは、企画会議などでプレゼンテーションする際にも、コンピュータでグラフィック化する折には配慮すべき点である。

成長段階を判定する

企業が高度成長の段階にあるか、安定状態にあるか、あるいは衰退期にあるかを知るためには最初に、資本利益率の動向をみる必要がある。図表7―6のようなグラフを成長段階判定グラフという。比較する二期間において、総資本経常利益率がどのように変化したかを、同業他社と一覧できるような形で表示するものである。グラフは、縦軸に経常利益、横軸に総資本をとり、いま、資本利益率が五%、八%、一〇%、一五%を示すラインを描いておく。

目標とすべき総資本経常利益率を八%とすると、五%のライン以下の会社は、今後の健闘が望まれ、八%を超えていれば優良企業、一〇%のラインを超えていれば超優良企業という判別ができる。

図表7―6　成長段階判定グラフ

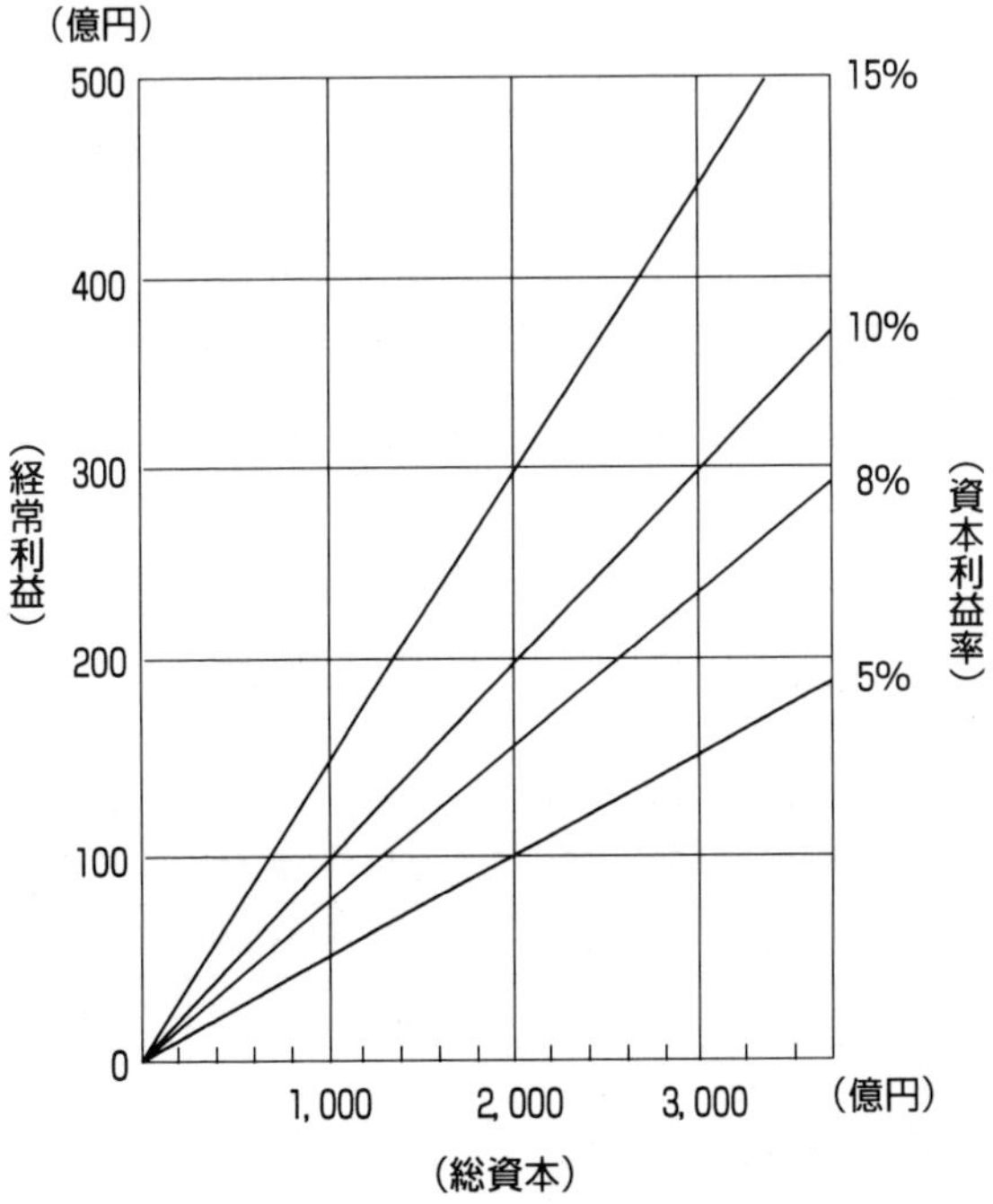

ただし、二期間の比較をしてみると、優良企業から健闘を要する企業に落ちることもあれば、健闘を要する企業から超優良企業に華麗に変身をとげる場合もある。そうしたことをこのグラフは一目瞭然に示すものである。可能であれば、三期間以上の適用をお勧めする。基準年の状況が左右する場面があるからである。

図表７—７　日本を代表する５つの住宅メーカーの連結財務データ

	決算月	大和ハウス工業	積水ハウス	住友林業	ミサワホーム	パナホーム
総資本（単位：百万円）	2007.3	1,630,022	1,278,770	500,136	235,135	216,770
	2006.3	1,475,197	1,098,203	464,193	224,469	214,018
	2005.3	1,358,806	1,140,231	370,684	264,381	233,365
経常利益（単位：百万円）	2007.3	89,356	114,822	21,259	12,069	9,419
	2006.3	103,073	81,699	16,800	14,564	4,744
	2005.3	74,209	77,316	18,692	11,463	3,599
税引後利益（単位：百万円）	2007.3	46,393	62,663	11,954	191	5,239
	2006.3	45,184	43,029	10,842	124,024	−2,701
	2005.3	40,262	23,659	8,014	−203,251	3,771
株主資本（単位：百万円）	2007.3	659,308	798,044	187,730	21,632	119,836
	2006.3	576,534	685,762	175,206	22,442	117,106
	2005.3	524,109	666,475	152,500	−163,844	122,273
ＲＯＥ（単位：％）	2007.3	7.04	7.85	6.37	0.88	4.37
	2006.3	7.84	6.27	6.19	552.64	−2.31
	2005.3	7.68	3.55	5.26	—	3.1
ＲＯＡ（単位：％）	2007.3	2.85	4.9	2.39	0.08	2.42
	2006.3	3.06	3.92	2.34	55.25	−1.26
	2005.3	2.96	2.07	2.16	−76.88	1.62
総資産経常利益率（％）	2007.3	5.76	9.66	4.41	5.25	4.37
	2006.3	7.27	7.3	4.02	5.96	2.12
	2005.3	6.07	6.66	5.05	2.98	1.55

※積水ハウスのみ、１月期決算会社である。なお、会計処理は日本基準による。

図表7―8　住宅会社5社の成長段階を判定するためのグラフ
（2005年～2007年）

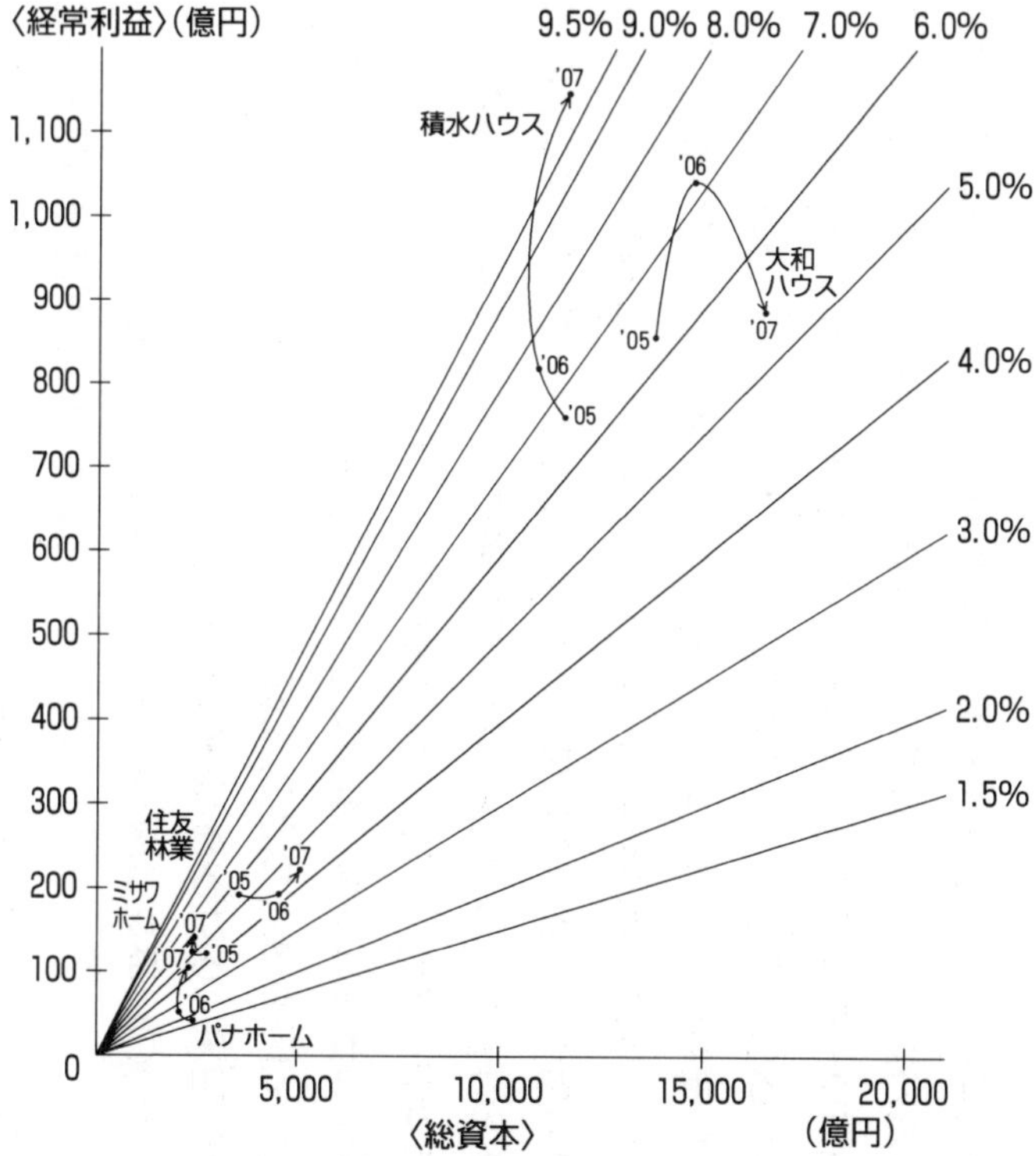

図表7―7は、日本を代表する住宅メーカー五社の財務データである。このデータを活用して先の成長段階を判定してみよう。

図表7―8は、二〇〇五年度の数値を起点としてそれ以降二〇〇七年度まで、どの方向にどれだけ変化したかを示している。横軸は総資本であるから、矢印が右向きであれば総資本の増加、左向きであれば減少を示す。縦軸は経常利益であるので、矢印が上向きならば増益、下向きならば減益を示す。上向き度が強ければ、資本はそれほど増加していないのに利益が増加したことを示している。下向き度が強ければ、利益だけが減少したことを意味する。右に真横方向に伸びれば投資効果がいまだに実現していないことを意味する。

起点である〇五年度のデータを分析すると、目標とする八%を超えている会社はない。かつて一九九〇年段階では、パナホーム（旧ナショナル住宅産業）とミサワホームの二社だけ、一〇%、九・四%で条件を満たしていた。〇六年度、〇七年度のデータでみると、各社がかなり異なった方向に向かっていることがわかる。上向いているのは、積水ハウスとパナホーム、ミサワホームである。大和ハウス工業は〇六年度をピークに下降している。利益率も低下している。住友林業は〇六年度から〇七年度にかけて大幅に資本の増強を図っているが、経常利益には若干貢献したにすぎない。経常利益の大きさでは、この業界の雄として積水ハウスは大いに健闘している。

$$売上高伸び率 = \frac{(当年度売上高 - 前年度売上高)}{前年度売上高} \times 100(\%)$$

$$経常利益伸び率 = \frac{(当年度経常利益 - 前年度経常利益)}{前年度経常利益} \times 100(\%)$$

図表7－7では示していないが、一九九九年度以降の六年間は、バブル崩壊の影響を垣間見ることができる。

ここで紹介した成長段階を判定するためのグラフは、①資本と売上高のグラフ、②売上高と利益のグラフ、③売上高と従業員数のグラフ、④付加価値を加えたグラフなどに応用できる。

売上高伸び率

企業の成長性は、売上高伸び率を、過去のデータ、業種平均、全産業平均、国民総生産などの指標に表れる成長率と比較することによって、正しく判定することができる。

企業も成長して規模が大きくなると、毎年の売上高の増加（当年度売上高－前年度売上高）が例年と同額になる。このような場合には、指標の分母にあたる売上高（前年度売上高）は毎年大きくなるため、売上高伸び率は相対的に低下する。

高い成長率が望めなくなったとき、その時期を成熟期、あるいは安定期にあるという。

経常利益伸び率

企業の勢いを知るためには経常利益伸び率を計算してみるとよい。経常利益とは、営業利益に営業外収益を加え、営業外費用を控除したものである。

企業の利益の源泉は売上高である。しかし、売上高が増加（増収）しているからといって、利益が順調に増加（増益）しているとは限らない。そこで、経常利益もいっしょに伸びているかどうかをチェックしたい。ただし、経常利益の伸び率もよいからといって安心はできない。

したがって、売上高と経常利益の両方の伸び率を比較し、経営に問題がないかを確かめる必要もある。経常利益が伸びているとき、その原因が①原価率の改善によるものであるか、②経費削減の結果であるか、③金利低下や為替環境の変化によるものであるのか、見極めて

$$\text{売上高経常利益率} = \frac{\text{経常利益}}{\text{売上高}} \times 100\ (\%)$$

$$\text{売上高総利益率} = \frac{\text{売上総利益}}{\text{売上高}} \times 100\ (\%)$$
$$= 100 - \text{売上原価率}$$

$$\text{使用総資本経常利益率} = \frac{\text{経常利益}}{\text{使用総資本}} \times 100\ (\%)$$
$$= \text{売上高経常利益率} \times \text{使用総資本回転率}$$

おく必要がある。

　ことに、①②のような企業自身の努力の結果と、③のような企業をとりまく環境の変化の結果生まれたものとをごっちゃにしてはならない。分析に際して、同業他社との比較、業種平均との比較、過去実績との比較が有効である。

　経常利益の伸び率を検討する場合には、さらに売上高経常利益率と使用総資本経常利益率と、その変動についても観察しておくことが有効である。経常利益の伸び率が高くても、売上高経常利益率が低い場合には、回復途上の企業である、といった推察ができるからである。

　売上高経常利益率は、経常利益を売上高で割った比率である。この比率が高い会社であっても、売上高営業利益率との関係を見ておく必要がある。高い水準の営業利益に、健全な財務体質から生まれた営業外収益が上乗せされている会社にとってはなんら問題はないが、低い水準の営業利益を財テク（副業）による運用益がようやくの思いでカバーしているような会社の場合は、要注意であるからである。

売上高総利益率との関係にも注目する必要がある。売上原価は、売上げに結びついた仕入原価や製造原価のことをさす。他社がまねられないような独創的な製品を販売している会社は、この比率が高い。なお、業種間格差があるため、同業他社や業種平均との比較が有効となる。さらに、改善状況や悪化状況の確認のために、過去の実績との比較も有効である。

使用総資本経常利益率は、投下資本の全般的な運用効率をみる指標である。

使用総資本経常利益率は、売上高経常利益率と使用総資本回転率の積である。ここで使用総資本とは、企業が経営に投下している資本総額のことである。使用総資本回転率は、一年間に総資本が売上高に対して何回転しているかをみることで、総資本の運用効率（経営効率）をみる指標である。使用総資本経常利益率は、経営状態をもっともよく表す指標であるが、会社を総合的に判断するためには、さらに、計数化されていない人的要素についても考慮する必要性がある。

図表7—9（個別）と図表7—10（連結）は、家電大手である松下電器産業とソニーの使用総資本経常利益率を、二〇〇七年度、二〇〇六年度、二〇〇五年度の各三月期のデータに

図表7―9　家電大手2社（個別）・使用総資本経常利益率比較

松下電器産業						
	総資産	売上高	経常利益	売上高経常利益率	使用総資本回転率	使用総資本経常利益率
2007年3月期	4,816,679	4,746,868	141,602	2.98%	0.99	2.95%
2006年3月期	4,991,261	4,472,579	216,425	4.84%	0.9	4.36%
2005年3月期	4,920,540	4,145,654	116,280	2.80%	0.84	2.35%
ソニー						
	総資産	売上高	経常利益	売上高経常利益率	使用総資本回転率	使用総資本経常利益率
2007年3月期	3,909,190	4,013,101	98,811	2.46%	1.03	2.53%
2006年3月期	3,654,062	3,179,579	18,661	0.59%	0.87	0.51%
2005年3月期	3,684,545	2,895,413	45,755	1.58%	0.79	1.25%

※会計処理は、日本基準による。総資産、売上高、経常利益の単位は百万円。

図表7―10　家電大手2社（連結）・使用総資本経常利益率比較

松下電器産業						
	総資産	売上高	経常利益	売上高経常利益率	使用総資本回転率	使用総資本経常利益率
2007年3月期	7,896,958	9,108,170	439,144	4.82%	1.15	5.54%
2006年3月期	7,964,640	8,894,329	371,312	4.17%	1.12	4.67%
2005年3月期	8,056,881	8,713,636	246,913	2.83%	1.08	3.06%
ソニー						
	総資産	売上高	経常利益	売上高経常利益率	使用総資本回転率	使用総資本経常利益率
2007年3月期	11,716,362	8,295,695	102,037	1.23%	0.71	0.87%
2006年3月期	10,607,753	7,475,436	286,329	3.83%	0.7	2.68%
2005年3月期	9,499,100	7,159,616	157,207	2.20%	0.75	1.65%

※会計処理は、米国SEC基準による。総資産、売上高、経常利益の単位は百万円。

※使用総資本経常利益率（%）＝売上高経常利益率（%）×使用総資本回転率
∵経常利益÷総資産＝(経常利益÷売上高)×(売上高÷総資産)

$$当期純利益伸び率 = \frac{当年度当期純利益 - 前年度当期純利益}{前年度当期純利益} \times 100\ (\%)$$

もとづいて、売上高経常利益率と使用総資本回転率に分解して比較したものである。

かつて、一九九三年三月期当時、ソニーは売上高経常利益率がよいにもかかわらず、資産運用効率が不十分であるために、使用総資本経常利益率では松下電器産業より劣る結果となっていた。だが、五年後の九八年三月期では、ソニーが大躍進した。二〇〇〇年三月期以降の三期において、年金基金の積立不足や有価証券などの評価損を含め、使用総資本経常利益率をめぐって両社は、個別・連結いずれも苦戦をしていた。

二〇〇五年から〇七年にかけては、ソニーは松下電器産業に売上高経常利益率においても、使用総資本回転率においても、大きく水をあけられている。なお、連結は両社とも米国SEC（証券取引委員会）基準にもとづいている。使用総資本経常利益率をめぐっては、松下電器産業は連結においてつよく、ソニーは個別においてつよいという仮説がなりたつか、検討をするのも、興味深いかもしれない。

$$\text{償却前利益伸び率} = \frac{\text{当年度減価償却前営業利益} - \text{前年度減価償却前営業利益}}{\text{前年度減価償却前営業利益}} \times 100(\%)$$

当期純利益伸び率

当期純利益伸び率は、前年の当期純利益に対して今年の当期純利益がどれくらい増加したのかの割合で、処分可能利益の変動を表す指標である。処分可能利益がどの程度伸びているかを示す。

当期純利益は、経常利益に土地の売却益、その他の有価証券の売却損益などといった特別損益を加減して、さらに法人税・住民税を控除したものである。したがって、当期に特別損益項目が計上されている場合には、当期純利益が会社の当期の実力を表すことにはならない。だが、株主への配当は処分可能利益にもとづいて計算されるため、株主にとって関心の高い利益指標ということになる。

$$\text{経常収支比率} = \frac{\text{経常収入（＝営業収入＋営業外収益）}}{\text{経常支出（＝営業支出＋営業外費用）}} \times 100(\%)$$

償却前利益伸び率

営業損益段階での資金収支状況を見るためには、資金計算書が有効である。しかし、そのたびに計算書を作成するのには負担が相当かかる。そこで、簡便な方法で資金の概況を把握する一つの指標として、償却前利益伸び率がある。

減価償却費は、資金の支出をともなわない帳簿上の費用の代表である。営業活動を前提とした場合、営業利益に減価償却費を加算した金額が営業にともなう資金収支差額に近くなることになる。

業績が急拡大している場合には、売上債権の増加が著しく、資金の回収が支払いに追いつかず、営業資金が不足するという事態が発生する。業績が急に縮小している場合には、売上債権、棚卸資産が社内にとどまることから、営業収支は悪化する。

償却前利益伸び率がマイナスであるからといって、それだけで、結論をだすことは早急すぎる。経常収支比率が一〇〇％を超えているか、キャッシュ・フ

キャッシュ・フロー
＝ 当期純利益 ＋ 減価償却実施額 － 配当金 － 役員賞与

ローがプラスか、などについても観察する必要がある。

経常収支比率は、経常収入に対する経常支出の比率である。資金収支の状況をみる指標である。ここで経常収入は、営業収入と営業外収益の合計である。経常支出は、営業支出と営業外費用の合計である。

営業収入は、売上げから発生した収入であり、営業支出は仕入れや製造・販売管理に要した諸経費の支出をさす。

資金収支を考えるときに大切なことは、営業収入と営業支出との収支差額である。この営業収支差額がプラスであれば、当該事業年度内における資金繰りは安定していると見ることができるからである。一〇〇％を超えていれば、安全である。下回っている場合には、銀行借入れなどの資金手当てが必要となる。経常利益が黒字であっても、債権回収が遅延したり、在庫が増加しているような場合には、経常収支比率は悪化する。

この指標で注目すべき点は、当期営業収入は、売上高と決して同額にならない点である。売上高のうち、当期末に売掛金や受取手形で残っている部分は、収入ではないからである。同様に、前期末の売掛金や受取手形は当期の売上げではないが、当期の収入にはなる。

別の表現をすれば、当期の営業収入は、(当期売上高－当期末売掛金・受取手形＋前期末売掛金・受取手形)である。さらに、前受金・前受収益があれば、その純増加額を加算し、未収入金・未収収益の純増加額を差し引いて当期の営業収入を算出する。

一方、営業支出は、売上原価と販売費および一般管理費の合計額に、棚卸資産・前渡金・前払費用の純増加額を加算して、買掛金や支払手形などの買掛債務、未払金、未払費用の純増加額と、減価償却費などの非資金費用を控除して算出する。

キャッシュ・フローは、会社が一年間に稼いだ資金である。資金の増加額を示す指標ではあるが、借入金の返済や固定資産の取得にあてられたりするため、現金預金の増加だけを意味しているわけではない。年度末に現金預金として全額残っているわけではない。

当期純利益額と資金収支差額とは一致しない。収益から費用を差し引いた結果が利益であるが、期末時点において収益には未収収益・前受収益部分が残るため、収入金額とは一致しない。費用も同様に、期末時点に未払費用・前払費用部分が残るため、支出金額とは一致しない。さらに費用の場合には、非資金費用項目(たとえば、減価償却費)と呼ばれる支出をともなわない項目もある。

このような点があるにもかかわらず、資金の増加額をみる指標として、キャッシュ・フローが利用されるのは、期首・期末の未収収益・前受収益、未払費用・前払費用がほぼ、同

$$売上高研究費比率 = \frac{研究開発費}{売上高} \times 100\ (\%)$$

$$新製品比率 = \frac{新製品売上高}{売上高} \times 100\ (\%)$$

$$配当性向 = \frac{株主配当金}{当期純利益} \times 100\ (\%)$$

一水準であれば、当期純利益に減価償却費部分と配当金・役員賞与の調整を施せばほぼ、資金増加額（資金収支差額）となろう、との推測からである。簡便である割にメリットがあるということからキャッシュ・フロー指標は、一般的に支持されている。

その他の成長を示す指標

以上のほかに、成長を示す有効な指標がいくつかある。売上高研究費比率、新製品比率、配当性向などの指標である。

製品には、製品としての寿命があり、どのようなヒット商品にも売上高にそのかげりが遅かれ早かれみえてくる。企業を存続させるためには、消費者の望む製品を新たに供給し続ける必要がある。場合によっては、メーカー側で「最新の技術力と創造性によって、このような新しい製品ができました」とか、「豊かな生活をサポートします!」とアピールしてデモンストレーション効果をねらう必要がある。そのためには、研究開発投資額は、企業の成長発展のための指標となる。これを売上高研究費比率という形で表すことができる。

研究開発に要する費用は、製造原価と販売費および一般管理費に含まれるが、区分掲記されていなかったり、注記されていないこともよくある。有価証券報告書の「事業の概況」に、研究開発活動の記載箇所があり、研究開発活動の概況と研究開発に投じた金額が示されていることが多いので、参照するとよい。

新製品比率は、企業内部者でないと入手しにくい情報であるが、新製品の貢献度は、この指標にはっきりと現れる。新製品の市場への投入が有効であった場合には、有価証券報告書の「営業の状況」において、なんらかの記載がある。また、定時株主総会召集通知添付書類の営業報告書にも同様の記載がある。アサヒビールは、新製品「スーパードライ」で、ビール業界一強三弱といわれた状況から、一大躍進をとげ、今やトップの座を獲得し成長した。

株式会社の場合、定時株主総会決議にもとづき、期末現在の株主に対して配当を行う。無配の場合もある。また、上場企業の多くは、取締役会の決議にもとづき、中間期末の株主に対して、中間配当を行う。会社法(改正商法)のもとでは、会社は一事業年度中に何度でも配当することができることとなった(四五三条)。ただし、自己株式については配当できない（四五三条かっこ書）。このような期末や中間期末等の配当金の合計額を当期純利益で割ったものが配当性向である。

配当性向を高くすれば株主には支持されるが、将来のリスクに備えることが困難となる可能性が出てくる。利益を社外に流出することを意味するからであるが、自己資本比率の改善や財務体質の強化も当然望めなくなる。配当性向については、第16章で詳しく述べる。

第8章 会社への投資は安全か

優良会社の条件

わが国では、会社に関する限り「大きいことはいいことだ」とか「体重方式」などといって図体《ずうたい》の大きいほうがよいとする風潮がある。街角のパン屋や肉屋よりも駅前のスーパーのほうがいい企業で、そのスーパーマーケットも、地元のスーパーより全国型のスーパーのほうがよい企業だという。

よい企業かどうかの基準は、その規模だけではない。わが国では、投資者の眼（つまり投資先としてよい会社かどうか）よりも、消費者の眼（製品のよさ、価格、サービスなど）や就職先としての好きずき（知名度、上場しているか否か、本社の所在地、企業イメージ、就職の難易度など）などの評価がほぼそのままよい会社かどうかの判定の尺度とされている。

大規模会社は、多くの場合、どこかの企業集団に属しており、株式の持ち合い、業務提携、社長会、役員の派遣、資金の融通などを通して、資本的・人的な結びつきがつよい。グループ内のどこかの企業が経営に失敗したり、資金調達がうまくできないなどといったときには、グループを構成する各社がいろいろな援助の手を差し伸べてくれる。

中小企業の場合はそうはいかない。中小企業が破綻しそうになると、銀行は資金の引き上げを急ぐであろうし、取引先は新規の取引を中止しようとするし、助け船などどこからも出ない。そんなこともあって、わが国では「大きいことはいいことだ」という評価が生まれるのであろう。

会社の図体《ずうたい》はどうやってはかるか

ところで、会社の場合、大きい小さいの判断は、なにを基準にしてなされるであろうか。一般には、「資本」か「売上高」を使うことが多い。ただし、銀行の場合は「預金高」、保険会社の場合は「保有契約高」、新聞・雑誌の出版社なら「出版部数」といった指標も使われる。

資本を企業規模の指標とする場合、会社が使っているすべての資本（総資本）の大きさか、法律上の資本、つまり法定資本（資本金）の大きさが使われることが多い。ただ、資本金は、株主の払い込んだ資本（払込資本）を法の目的によって区別したものにすぎないので、図体を表す指標とはいいにくい。

また、「総資本」というのは借入金も含んでいるのであるから、会社（株主の集合体）の大きさを示す指標としてうのみにはできない。自己資金ゼロで、銀行から一億円借りて家を建てたひとがいるとしよう。外から見ると一億円の家に住んでいるのであるから資産家に見えるが、実は、他人からの借り物にすぎない。このひとの図体を一億円といってよいであろうか。

借金していようが全額自己資金であろうが、使用している資本の大きさが図体を示すという見方もあろうし、負債を差し引いた、裸の状態が本当の図体だという見方もあろう。いずれにしても、総資本をもって図体とするときは負債の大きさにも注意する必要があるし、裸の状態をもって図体とするときには使用している資本の全体を見ておく必要がある。そうした、全体としての使用総資本と裸の資本の関係をみるのがつぎに紹介する「自己資本比率」（株主資本比率ともいう）である。

$$自己資本比率 = \frac{自己資本}{総資本} \times 100\ (\%)$$

自己資本比率は安全性の尺度

家を建てるとき、自己資金だけで建てられる裕福なひともいれば、一部を銀行から借りて建てるひともいる。自己資本比率というのは、たとえていうと、自分の家の建設費のうち何％が自己資金であるかをいうようなものである。

多くのサラリーマンにとって、自己資金だけでマイホームを建てようとすると、都会を離れるか庭のない家で我慢するしかない。銀行からの借入だけで家を建てると後でローン地獄が待っている。家庭も企業も、自己資金と借入のバランスをうまく取る必要がある。

企業の場合、家庭と違うのは、借りた資金で事業展開することで、借金が利益を生んでくれることである。サラリーマンの借金は返済するだけで、子を産むことはない。つまり、企業の場合は、積極的に借金して事業展開をはかり、拡大路線を走ることができるのである。

ただし、あまり借金が多くなると、金利負担が経営を圧迫し、また、借金の返

$$\text{自己資本比率}=\frac{\text{自己資本}}{\text{総資本}}=\frac{\dfrac{\text{自己資本}}{\text{経常利益}}}{\dfrac{\text{総資本}}{\text{経常利益}}}=\frac{\dfrac{\text{経常利益}}{\text{総資本}}}{\dfrac{\text{経常利益}}{\text{自己資本}}}$$

済に苦しむことになる。

　このように、「自己資本比率」は「資本構成」または「財務体質」の良し悪しを判断する指標ともなるが、また、「他人資本の安全度」をはかるものさしともされる。

　つまり、総資産が一〇〇で自己資本が四〇とすれば、自己資本比率四〇％ということになるが、これは負債六〇をすべて返済しても、自己資本（株主の取り分）として四〇が残るはずであるということを意味しており、あるいは、六〇の借金を返済する財源として一〇〇の資産が残っているという意味でもあるから、「借金の返済能力を知る指標」ともなる。

　前頁の自己資本比率の算式は、上記のように変形することができる。

　算式の右端をみると、分母は「自己資本利益率」または「株主資本利益率」と呼ばれる比率（これをReturn on Equrity：ROE《アールオーイー》という）であり、分子は「総資本利益率」（これをReturn on Investment：ROI《アールオーアイ》またはReturn on Assets：ROA《アールオーエー》という）である。この式から、ROI（総資本利益率）を一定としたときに自己資本比率を高めるには、ROE（自己資本利益率）を下げればよいということがわかる。

ところが、自己資本の充実をはかるために自己資本比率を高めようとしているときに、投資の目安となるROEを引き下げたのでは増資そのものができなくなってしまう。したがって、自己資本の充実をはかりながら自己資本比率を高めるためにはROI（総資本利益率）を高めるしかない。正道を歩むしかないのである。

自己資本比率が同率であっても、自己資本の内容が異なれば財務の安定性にも差がでる。たとえば、自己資本のほとんどが資本金（法定資本）で占められている会社と、自己資本のほとんどが内部留保（各期間の利益を株主への配当に回さず、社内に残すこと。将来の配当や欠損の穴埋めにも使える）という会社を比べたとき、常識的には後者の会社のほうが優良といえるが、実は、前者の会社のほうが財務の安定性が高い。後者の場合は、景気が後退したり経営が悪化したりして減益に陥ったとき、内部留保された利益が社外流出する可能性が大きいからである。

$$\text{自己資本比率} = \frac{\text{自己資本}}{\text{総資本}} \times 100\ (\%)$$

借金の返済能力をみる――財務流動性の話――

すでに説明したように、自己資本比率は借金の返済能力を示す指標の一つである。

もう少し、企業の借金返済能力（支払能力）について検討してみよう。

借金（もう少し広く負債といってもよい）を返済する能力というのは、具体的にいうと、長期・短期の社債、銀行借入金、支払手形などを返済期限までに返済するのに必要な資金を用意することができるキャパシティをいう。

こうした負債を返済する財源としては、つぎのようなものが考えられる。

① 借金の返済のために別のところから借りる。
② 現金・預金、貸付金、所有有価証券のような余剰資金を充当する。
③ 売上代金（たとえば商品代価として受け取った現金、受取手形、売掛金など）を返済に充てる。
④ 工場用地などを処分して返済する。

図表8—1　資金の循環

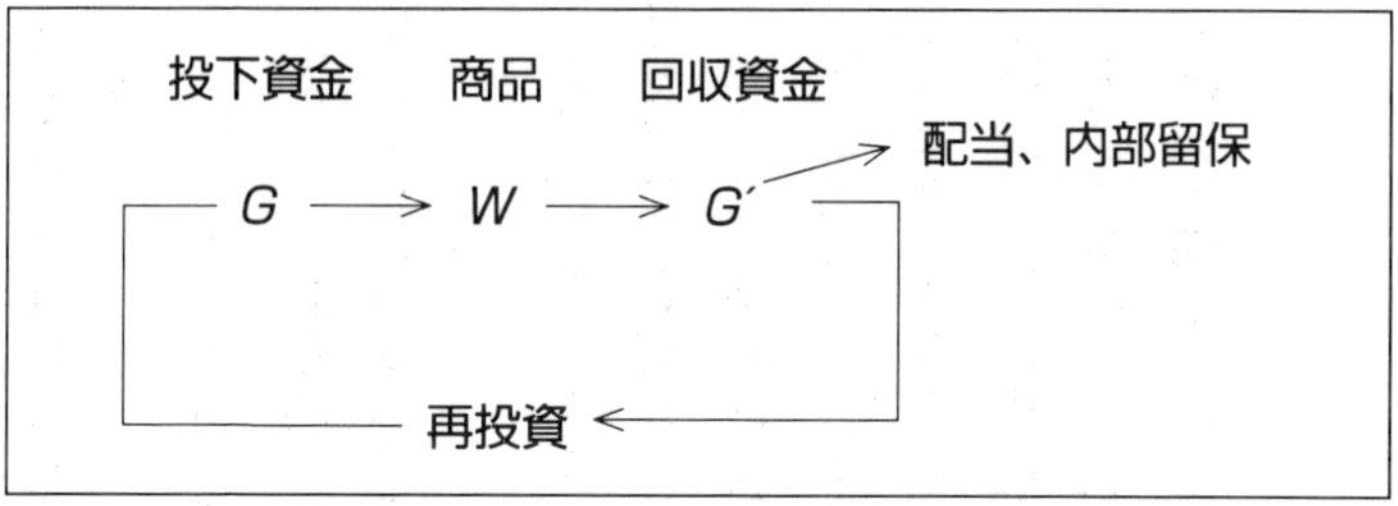

ここでは、①や④のような極端なケース（最後の手段）は考えない。①はまったく問題の解決にならない。破綻が一時的に先送りされるにすぎない。④は、借金は返済できても経営はまもなく行き詰まってしまうであろう。以下に問題とするのは、企業が通常の営業活動によって発生させる負債（買掛金や支払手形）や事業拡張・設備投資等のために調達した外部資金（社債や借入金）を、営業活動を継続しながら返済してゆく能力（余裕）である。

企業内における資金の動きをみてみよう。

図表8—1のように、最初G（貨幣）の形で資金は投下される。これを元手にW（商品、原材料、設備）を購入し、商・製品を販売してG'（貨幣）の形で最初に投下したGを回収する。G'がGより大きければ、その差額が利益ということになる。

このG'のうち当初のGに相当する額の資金がもう一度、商品の仕入や購入に回されれば、（物価変動が大きくない限り）営業活動はその規模を縮小することなく続けられる（これを単純再生産という）。またG'（つまり、最初の投資額に利益を加えたもの）

がまるまる再生産に回されれば、営業の規模は次第に大きくなるであろう（これを拡大再生産という）。

かくして、前記③の「売上代金を借金の返済にあてる」という案は、その額がGのダッシュ（利益）の範囲内であれば、一応、営業規模を縮小しないですむが、返済にあてる額がその範囲を超える場合には、営業に支障をきたすかその規模を縮小せざるをえないことになる。

以上のことから、借金（負債）を返済するための財源としては、前記②の現金・預金、有価証券などの余剰資金がもっとも重要であることがわかる。前で、③の財源について分析したが、もう一歩踏み込んだ分析をしてみると、商品・原材料の仕入も商品・製品の販売もともに信用取引（つまり掛仕入れ、掛売り）でなされているときは、買掛金や支払手形の決済に売掛金や受取手形をあてることができることがわかる。

仕入債務と売上債権にバランスが取れていれば、両者を相殺しても営業規模を縮小しなくてもすむのである。したがって、借金ではなく、買掛金や支払手形という形の負債については、②の余剰資金に加えて売掛金や受取手形も返済の財源とすることができる。

流動負債＝｛買掛金、支払手形、一年内に返済期限のくる社債、短期借入金、負債性引当金、未払金、前受金、預り金

固定負債＝｛（返済期限が一年を超える）社債、長期借入金、退職給付引当金、長期未払金、長期預り金

短期の借金返済能力と長期の借金返済能力

負債は比較的短期間（多くは一年）のうちに返済期限がくるものと長期のものがある。長期のものはまた、返済期限が数年後ないし数十年後にくるものと長期間にわたる分割返済の負債に分かれる。企業が外部に報告する財務諸表では、負債を流動負債（短期）と固定負債（長期）に分類しているが、その内容は上のようになっている。

このうち、長期性の負債（固定負債）に対する返済能力については、直接これを測定するような尺度はない。長期負債に対する支払能力は、第一にその企業の収益性の良し悪しによって、第二に企業の財務構造の良し悪しによって判定するしかない。

収益性についてはすでに第5章から第7章において分析の方法を説明したので、以下では、短期の負債（流動負債）に対する支払能力を判定する尺度として、「流動比率」と「当座比率」を取りあげる。

$$流動比率 = \frac{流動資産}{流動負債} \times 100\ (\%)$$

流動比率は短期の支払能力の指標

流動比率は、上の式のとおり短期間（通常は営業循環または一年以内）に現金化されると予想される流動資産と、短期間に支払期限のくる負債とを対比して、企業の短期的な支払能力を判定するための指標である。

一般に流動資産の即時換金価値（いますぐ現金化しようとするといくらで売れるか）は帳簿価額（簿価）よりもかなり低い。そのため、流動負債を即時に返済するには、その二倍くらいの流動資産が必要だといわれる。

流動資産は図表8―2のように分類される。

図表8―2　流動資産の内訳

当座資産
現金預金
受取手形
売掛金
有価証券
その他の当座資産
棚卸資産
製品・商品
仕掛品
原材料
その他の流動資産

当座資産のうち現金・預金は額面どおりの金額をいつでも手にすることができる。受取手形は即時に現金化しようとすれば銀行で割り引かなければならないが、その手形の発行会社の信用度が低い場合は割り引いてもらえないこともある。売掛金も一〇〇%回収できる保証はない。有価証券は価格が変動するので、売却するときの価格が簿価を上回ることも下回ることもある。

即時換金価値は「投げ売り価格」「処分価格」のことであるから、棚卸《たなおろし》資産の場合は極めて小さいのが普通である。たとえば換金価値が比較的安定している貴金属類にしても加工費抜きの原材料費しか回収できないことが多い。まして印刷途中の書籍（製本していないもの）、日本では写せない輸出用ビデオ機器、建造中の船舶などといった棚卸資産の即時換金価値などというのはほとんど計算できないといってよい。印刷中の紙などは売却価値はないといってよい。

棚卸資産に限らず、会計上の資産の評価（貸借対照表上の金額をいくらにするか）は、継続企業を前提として行われる。つまり、次期以降も営業活動が続けられ、仕掛《しかかり》品は完成品にされ、商・製品は正常な販売ルートを経て販売されるものとして、その価額が決定されている。即時に現金化すればいくらになるかといった金額ではない。

したがって、短期的な支払能力を見るために棚卸資産を返済の財源として考える場合、貸借対照表の金額をかなり割り引いて換金価値とする必要がある。これは前述したように売掛金や受取手形についても同様である。

流動資産のほうはこのように割り引いて計算する必要があるが、流動負債のほうは金額が変わることは少ないし、しかも短期間に確実に支払期限が到来するものがほとんどである。

こうした事情から、右に述べたように、流動比率は二〇〇％以上あることが望ましいといわれるのである。

つまり、一年内に返済すべき負債が一〇〇円あったら、一年内に現金化される流動資産を（額面で）二〇〇円以上所有しているべきだというのである。これを「二〇〇％テスト」とか「二対一の原則」と呼んでいる。

日本企業の流動比率は二〇〇％を下回るのが普通である。流動比率で判断する限り、多くの業界で借金の返済ができずに倒産する会社が続出しそうである。ところが実際には、上場会社の倒産というのはあまり多くはない。とすると、この流動比率だけで企業の短期的な債務弁済能力を判定しようとすることに少し無理があるか、二〇〇％という判定基準が高すぎるか、であろう。そこで、もう一つ、短期の支払能力を判定する指標として当座比率を紹介する。

当座比率はリトマス試験紙

小学生のころ、酸性かアルカリ性かを知るために、リトマス試験紙というものを使った記憶があろう。あれは便利なもので、赤色の試験紙を入れて青くなればアルカリ性、青い試験紙を入れて赤くなれば酸性と、実に簡単明瞭に判別できた。

会社の債務弁済能力にもリトマス試験紙があればよいのにと、誰もが思うであろう。そうした希望をかなえてくれるはずのアイデアが、「当座《とうざ》比率」である。この比率を使えば、債務弁済能力を簡単に判別できると考えられている。そのため、この比率を「酸性試験比率」ともよんでいる。

当座比率は、流動負債の何倍の当座資産を所有しているかを計算するものである。

$$\text{当座比率} = \frac{\text{当座資産}}{\text{流動負債}} \times 100\ (\%)$$

流動比率の場合は流動負債を返済する財源として流動資産全体を考えた。ところが流動資産のうち棚卸《たなおろし》資産は、上に説明したように、即時の換金が難しいか換金価値が簿価を大幅に下回ることが多い。加えて、棚卸資産の中には、流行遅れになったり需要の低下により市場がなくなったような、いわゆる不良在庫がまじっていたり、粉飾経理のために在庫の水増しが行われたりすることもある。負債を弁済するための財源としてみる場合、棚卸資産は内容的にも金額的にも問題が多い。

そこで、この棚卸資産を除外して、より確実な返済財源だけで企業の短期的な支払能力を判断しようとしたのが「当座比率」である。当座資産は、棚卸資産と比べると、粉飾などの操作がされにくく、また、その換金能力（流動性）も高いため、当座比率のほうが支払能力を判定する指標として信頼性が高い。

この比率は一〇〇％以上あることが望ましいとされ、これを「一〇〇％テスト」とか「一対一の原則」とよんでいる。

この比率も業種によるばらつきが大きいが、多くの企業は一〇〇％テストに合格ないしあと一歩というところが実情である。こうした実情からすると、当座比率一〇〇％を一つの目安にするというのは現実的な分析といえよう。

流動比率と当座比率のバランス

以上の話からすると、流動比率よりも当座比率のほうが、より信頼できる支払能力の指標だということになる。しかし、実務では、当座比率は流動比率の補助比率としてしか使われない。これを単独で使うには少なからず問題があるからである。

当座比率の計算に用いる当座資産というのは、即・現金化できる資産のことである。当座というのはインスタントということであり、換金に手間取らないという意味である。したがって、当座比率も「借金をすぐに返済するとすれば」どれくらいの返済能力があるかを判断する指標となる。

これは現実からかなりかけ離れた仮定の計算になる。負債には返済期日が決まっているものと決まっていないものがあり、決まっているものでもすべてをいっせいに返済するわけではない。短期の負債とはいえ、ある負債は一か月後、ある負債は三か月後、ある負債は年末、というように返済期限がバラバラというのがふつうであり、企業の側でも支払期日が集中しないように工夫をこらしているはずである。

期末近くに返済期限が到来する負債の場合には、商・製品のように現金化のために販売のプロセスを経なければならないものも返済の財源となりうる。しかも、正常な販売活動に必要な時間が十分に与えられれば、これらは簿価以上の現金（ないし現金等価物）収入をもたらすであろう。

したがって、短期の返済能力というときの「短期」を、「当座（即時）」よりも少し伸ばして考えると、流動比率は当座比率からは知りえない、少し長期の支払能力を物語っていることに気づくであろう。

要するに、当座比率は企業の即時の支払能力の指標として高い信頼性が認められるが、もう少し長期的な、企業の正常な営業活動を前提にした支払能力の分析には流動比率のほうが優れているのである。したがって、企業の支払能力を判定するには、流動比率と当座比率を相互に比較し、できるなら数期間の推移を調べてみることが大切である。

第9章 付加価値とはなにか

付加価値とはなにか

付加価値とは、会社が独自に創り出した価値である。もう少し正確に説明すると、会社が別の会社から購入した財・用役にその生産設備や労働力などを使って新たに付加した価値を付加価値という。

付加価値 ＝ 売上高 － 仕入原価
付加価値 ＝ 売上高 － 原材料費

$$付加価値率 = \frac{付加価値}{売上高} \times 100\%$$

たとえば、東京のT社は信州の製粉会社からそば粉を五〇〇円で仕入れ、そば粉を製麺し、そば屋さんに一、二〇〇円で売ったとしよう。信州から仕入れたそば粉の五〇〇円は、製粉会社がそばの実を加工してそば粉にする過程で創り出した価値であり、T社の努力で生み出したものではない。T社は製粉会社のそば粉を材料にそばを製麺しており、T社がそば粉からそばにする過程で創り出した価値は一、二〇〇円－五〇〇円＝七〇〇円である。この七〇〇円こそがT社の付加価値ということになる。

付加価値の話では、T社がそば屋さんにそばを売って、いくらの利益をもうけたかは問題とならず、そば粉をもとにいくらの価値を創り出したかが重要になる。

もちろん、T社はそばを製麺するにあたって人を雇い、機械を使っている。これらの人件費や機械の減価償却費は利益のマイナス要因となる。

図表9―1　主要産業別の売上高経常利益率と付加価値率

	売上高経常利益率	付加価値率
全産業	4.4	17.2
製造業	5.9	20.2
非製造業	3.1	20.3
化学	10.2	25.6
精密	7.0	25.1
食品	3.2	17.9
小売	2.7	18.0
サービス	4.5	36.3

（平成18年度経済産業省企業活動基本統計付表5および付表7を参考）

利益を大きくするためには、できるだけ人件費を削減し、減価償却費の計上を抑えようとするのは当然である。

しかし、付加価値は、労働、機械などのさまざまな生産要素がインプットされて原材料であるそば粉に新たに付加された価値であって、人件費がいくらかかろうが、減価償却費がいくらかかろうと、付加価値の大きさは変わらない。

付加価値分析の重要な指標の一つに付加価値率がある。付加価値率とは、売上高に占める付加価値の割合であり、一〇〇円の売上げに対して企業が独自に創り出した価値が何円含まれているかを示す比率である。

付加価値率を高めるためには、原材料費をできるだけ削減し、加工度を高め、売価を引き上げることが必要となる。

前頁の図表9―1からわかるように、付加価値率は業種によってさまざまである。なぜならば、自動車メーカーのように生産活動をともなう場合には、外部から購入した原材料を加工する過程で多くの付加価値が創り出される。また、サービス業でも、前給付（外部から購入したモノやサービス）がほとんどないために、付加価値率は高くなる。反対に、商社やスーパーなどは外部から商品を仕入れてただ転売するだけなので付加価値率は低くなる。

付加価値の計算

付加価値を算出する方法として、控除法と加算法とがある。

控除法は会社の生産高または売上高から原材料費、外注加工費など外部から購入した財・

付加価値＝生産高（または売上高）－（材料費＋外注加工費＋通信運搬費＋消耗品費＋光熱費＋保険料＋修繕費）

付加価値 ＝ 人件費 ＋ 利息割引料 ＋ 賃借料 ＋ 租税 ＋ 利益

用役（前給付）を控除して付加価値額を求める方法である。

この方法によると、算定ベースをその年の生産高におく（生産高基準）か、その年の売上高におく（売上高基準）かによって付加価値額は異なってくる。両者は、付加価値が生産によって生じるとみるか、販売によって生じるとみるかの解釈の違いを表している。

これに対して、加算法は付加価値を構成する人件費、賃借料などいろいろな付加価値項目を加算して付加価値額を求める方法である。

ところで、しばしば新聞などで「純付加価値」とか「粗付加価値」とかいう言葉をみかけることがある。この言葉の違いは、減価償却費を控除して付加価値を計算するか、それとも控除しないで付加価値を計算するかにある。

それでは、なぜ、減価償却費が問題になるのだろうか。減価償却費は原材料費などのように外部から購入した機械などの価値費消分であり、本質的には前給付である。すなわち、減価償却費は付加価値を構成しない項目である。

しかし、減価償却費の算定方法は会社によってさまざまであり、ときには利益操作の手段ともなりうる。したがって、付加価値額の算定にあたっては、このような各会社の会計政策や会計操作の影響をできるだけ排除するために、本来の付加価値に減価償却費を加えて粗付加価値とする場合が多い。

リース料は付加価値項目なので、リースを利用しているかどうかで付加価値額が異なってくる。このような影響を排除するためにも、粗付加価値指標が有用となる場合がある。

付加価値分析とはなにか

付加価値は、会社がその生産活動において生産設備などの資本や労働力を活用して創り出した価値である。

見方を変えれば、付加価値は、労働力を提供した従業員、土地を提供した地主、出資している株主やお金を貸してくれた債権者など、いろいろな人々がいろいろなかたちで会社の生産活動に貢献した結果、得られた成果であり、この成果は各利害関係者にそれぞれの貢献度に応じて分配されなければならない。

このように、付加価値については、付加価値を創造する側面と付加価値を分配する側面から分析することができる。前者を付加価値生産性分析、後者を付加価値分配指標分析という。

図表９―２　2007年度資生堂の単独ベースでの付加価値構成（付加価値額61, 741百万円）

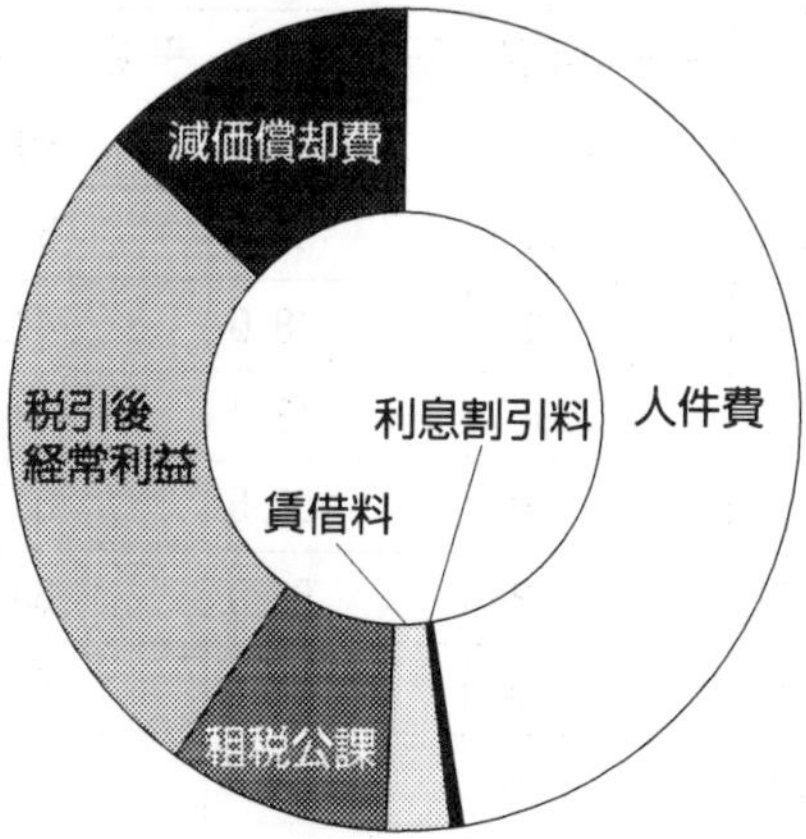

図表９―３　2007年度コーセーの単独ベースでの付加価値構成（付加価値額31, 751百万円）

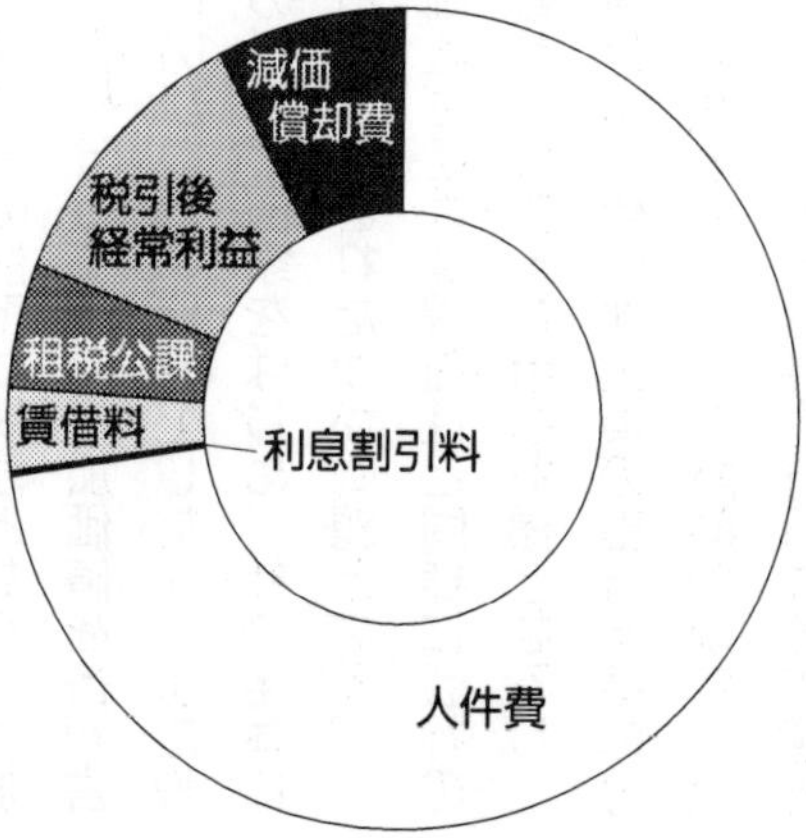

図表9―4　主要産業別の付加価値額と労働分配率

	付加価値額（百万円）		労働分配率（%）	
	平成17年度	平成18年度	平成17年度	平成18年度
全産業	4,107	4,212	50.9	49.9
製造業	4,424	4,509	53.2	51.3
非製造業	3,724	3,825	48.0	47.3
化学	8,152	7,961	43.4	43.6
精密	2,877	2,994	58.5	58.9
食品	2,161	2,184	63.0	63.8
小売	3,558	3,568	56.2	56.0
サービス	5,399	5,486	29.2	27.8

（平成18年度経済産業省企業活動基本統計付表7を参考）

付加価値生産性分析では、付加価値を生み出す生産活動の能率が問題となり、付加価値分配指標分析では、付加価値を各利害関係者にいかに適切に分配したか、また税金などの形態で国家をはじめ、社会全体にどのくらい分配されたかが問題となる。

付加価値生産性は収益性と同様に会社の経営実態を分析する有用な指標となるし、付加価値分配指標は従業員の給与水準の分析や会社の業績に応じた報酬額の決定に役立つほか、会社の社会性を分析する指標ともなる。

第10章 会社の生産性と分配指標はどうやってはかるか

生産性とはなにか

会社の業績を判断する指標には収益性や生産性などがある。

収益性は収益と費用の差額たる利益の大きさで測定されるため、収益性を上げるためには売上げを伸ばすか、コストダウンするかのいずれかを行えばよい。

しかし、売上げの増加は新たな市場の開拓または市場占有率の上昇がない限り見込めない。また、コストダウンについても、目先の利益にとらわれて減価償却費などの固定費を過少に計上すれば、いずれは財政状態の悪化を招くことになったり、人件費の削減を目的として不当な解雇や賃金カットを行えば労働意欲の低下につながることになる。

会社を分析するには、収益性の側面だけでなく、生産設備と労働力の効率的活用を重視する生産性にも目を向けなければならない。

生産性とは、生産活動の能率に着目した業績指標であり、会社がその生産活動において一定期間中に投入した生産要素からいかに多くの付加価値を創り出したか示す指標である。

生産性は、生産過程にインプットした生産要素の量と、生産活動の結果としてアウトプッ

$$\text{生産性} = \frac{\text{インプット}}{\text{アウトプット}}$$

$$\text{生産性} = \frac{\text{付加価値}}{\text{生産設備}+\text{労働力}}$$

トされた付加価値とを比較するものであるから、一定の生産要素を効率よく活用し、より多くの付加価値を生み出すことができれば、生産性が高いということになる。これを式に示せば上のようになる。

上の式を用いて生産性を測定する場合、分母には生産要素として資本と人的資本、すなわち生産活動において投下されている生産設備と労働力が、分子には個々の会社が創り出した価値、すなわち付加価値が用いられる。

したがって、生産性を向上させるためには、生産設備や労働力を効率よく活用して、生産の能率を高め、より多くの付加価値を創り出すことが重要となる。

目先の収益性を重視するあまり、設備投資を抑制したり、人件費をカットするなど過度なリストラを実施すると、反対に生産の能率が低下し、まわりまわって最終的に収益性の悪化へとつながることになる。

つぎに、生産性をもう少し詳しく分析する手法を見てみよう。

労働生産性と資本生産性はどう違うか

すでに述べたように、生産性は、付加価値と生産要素の投入量とを比較することによりはかることができる。これを式で表現したのが前頁の算式である。

分母の資本は生産活動に投下されている有形固定資産の総額を、労働力は従業員数を用いる。しかし、貨幣額で測定された資本と人数で測定された労働力を加算することはできないので、次頁に示すように生産性を資本の生産性と労働力の生産性に分解して分析することになる。

資本生産性は生産活動に投下された生産設備がいかに効率的に稼働して付加価値を産み出しているかを示す指標であり、設備生産性または設備投資効率ともよばれる。

資本生産性を高めるためには、分子である付加価値を増やすか、分母である有形固定資産額を小さくすればよいが、遊休設備を整理することは可能であっても、既存の生産設備を縮小した場合に付加価値を現状維持するのはなかなか難しい。したがって、既存の生産設備をできるだけ能率よく稼働させ、付加価値の産出を高めることが課題となる。

資産生産性 ＝ 付加価値 / 有形固定資産額　　**労働生産性 ＝ 付加価値 / 従業員数または労働時間**

他方、労働生産性は生産活動に投下された労働力がどれだけ能率よく働き、いかに多くの付加価値を産み出したかを示す指標である。労働力としては従業員数や労働時間が用いられ、従業員数が用いられた場合には一人当たりの付加価値を、労働時間が用いられた場合には一時間当たりの付加価値を示すことになる。

たとえば、第9章の図表9―2および図表9―3で取り上げた資生堂とコーセーの場合をみてみよう。

資生堂は従業員三、三四四人、有形固定資産額八一、〇一二百万円に対して、付加価値額六一、七四二百万円であり、一人当たりの労働生産性は一八百万円であり、資本生産性は〇・七六倍である。

コーセーは従業員二、〇三一人、有形固定資産額二七、七八九百万円に対して、付加価値額三一、七五一百万円であり、一人当たりの労働生産性は一五百万円であり、資本生産性は一・一四倍である。

労働生産性は資生堂のほうがやや高いものの、資本生産性はコーセーに比べて資生堂は低くなっている。資生堂の有形固定資産は、コーセーに比べて、規模的には土地面積は一・三三倍とあまり差はないものの、金額的には土地はもとより建物や設備をも含めると二倍近くも高い。つまり、この数字からすれば資生堂は、立地が良く、くわえて高度に設備化されている本社や工場を多く抱えていることが分かるが、それが十分に活かされていないことになる。ただし、このなかには付加価値の創造に直接的には結びつかないような物流センターやリサーチセンターが含まれていることに注意しなければならない。

労働生産性をさらに展開してみる

さて、労働生産性の算式を売上高や有形固定資産を使って分解することによって労働生産性をさらに詳細に分析することができる。まず、算式を売上高を使って分解してみよう。

次頁の算式から、労働生産性を高めるためにはどうすればよいか考えてみよう。

労働生産性を高めるためには、従業員一人当たりの売上高を伸ばすか、売上高に占める付加価値の割合を高めればよい。たとえば、売上高（売価）を一定としたとき製品一個当たりに投入する原材料の量を節約したり、原材料を安く仕入れれば、付加価値率は高まる。製品

$$\underset{\text{（労働生産性）}}{\frac{\text{付加価値}}{\text{従業員数}}} = \underset{\text{（従業員1人当たりの売上高）}}{\frac{\text{売上高}}{\text{従業員数}}} \times \underset{\text{（付加価値率）}}{\frac{\text{付加価値}}{\text{売上高}}}$$

$$\underset{\text{（労働生産性）}}{\frac{\text{付加価値}}{\text{従業員数}}} = \underset{\text{（労働装備率）}}{\frac{\text{有形固定資産額}}{\text{従業員数}}} \times \underset{\text{（資本生産性）}}{\frac{\text{付加価値}}{\text{有形固定資産額}}}$$

＜HOYA＞

$$\underset{\text{（労働生産性）}}{\frac{70,803}{3,049}} = \underset{\text{（労働装備率）}}{\frac{40,038}{3,049}} \times \underset{\text{（資本生産性）}}{\frac{70,803}{40,038}} \rightarrow 23.2 = 13.1 \times 1.8$$

＜ペンタックス＞

$$\underset{\text{（労働生産性）}}{\frac{18,564}{1,338}} = \underset{\text{（労働装備率）}}{\frac{16,409}{1,338}} \times \underset{\text{（資本生産性）}}{\frac{18,564}{16,409}} \rightarrow 13.9 = 12.3 \times 1.1$$

の売価を上げても販売量が減少しなければ、従業員一人当たりの売上高も付加価値率も高くなるだろう。

つぎに、この算式を有形固定資産を使って分解してみると、労働装備率（資本装備率ともいい、従業員一人当たりの有形固定資産額をさす）と設備生産性に分けて労働生産性を分析することができる。

上の算式から、労働生産性を高めるためにはどうすればよいのかを考えてみよう。

たとえば、手作業でやっていたものを高度に機械化することにより従業員数を削減すれば労働装備率は向上するし、高度に機械化するだけでなく、無駄なく機械の性能を十分に発揮することができれば資本生産性は上がるだろう。このように、労働装備率か、資本生産性か、いずれかがよくなれば労働生産性は高まるのである。

労働装備率はまさに生産設備の近代化をはかる指標であり、資本生産性は生産設備の近代化の効果が付加価値の産出に生かされているかどうかをはかる指標である。

すでに二〇〇七年に経営統合が発表されたHOYAとペンタックスの場合をみてみよう。ペンタックスはHOYAと同じくらいの労働装備率を有しているにもかかわらず、労働生産性は半分程度である。その原因は資本生産性にあり、高度な設備が十分に活かされていないことが分かる。

労働分配率と資本分配率からなにがわかるか

付加価値分配指標分析に目を向けてみよう。

前章でも述べたように、付加価値分配指標分析は付加価値が各利害関係者に会社への貢献度に応じて適切に分配されているかを示す指標であり、代表的なものに労働分配率や資本分配率がある。

人件費	利息割引料	賃借料	租税公課	利益
↓	↓	↓	↓	↓
従業員	債権者	地主など	国・地方	株主
⇧				⇧
労働分配率				資本分配率

付加価値という一つのパイを皆で分けるのだから、一方が多く分け前を要求すれば、他方の分け前が少なくなる関係にある。たとえば、給与を上げて従業員の取り分を大きくすれば、利益が少なくなり、株主の取り分である配当が小さくなる。付加価値というパイの大きさが変わらないのであるから、どう切り分けるかで従業員と株主は、利害が対立する。

しかし、従業員の給与や賃金は雇用契約によってほぼ決まっているし、春闘の賃上交渉が付加価値額をもとに話し合いがなされているという話も聞いたことがない。国によっては、付加価値額の増加分が一部、従業員への報酬として配分されることもあるが、わが国では一般に従業員の給与や賃金の決定にさいして付加価値分配率はあまり問題にならない。

反対に、会社の経営者の側から見て、給料や賃金を上げざるをえない場合、この人件費のアップ分を吸収するために労働分配率を上げるべきだろうか。労働分配率を上げれば、人件費の上昇分を吸収することができるものの、その分、利益が圧迫されることになる。

$$\frac{人件費}{\begin{array}{c}従業員数\\（従業員1人当たりの人件費）\end{array}}=\frac{人件費}{\begin{array}{c}付加価値\\（労働分配率）\end{array}}\times\frac{付加価値}{\begin{array}{c}従業員数\\（労働生産性）\end{array}}$$

上の算式からわかるように、人件費の上昇は労働分配率を上げるか、労働生産性を向上させるかによってまかなうしかないが、労働生産性を高めることによって人件費の上昇分を吸収させるほうが良策といえよう。

第11章 連結財務諸表はどのように分析するか

企業集団とは何か

わが国には、「ゆるやかな企業集団」と「親子会社としての企業集団」がある。後者は、前者のサブシステム（大グループの中の小グループ）である場合が多い。

たとえば、わが国では、戦前の旧財閥に属していた企業を中心に形成された三井、三菱、住友という企業集団と、銀行が取引先企業を中心に形成した芙蓉（富士銀行系列）、三和、第一勧銀という企業グループがあった。最近、第一勧銀、富士銀行、日本興業銀行とその系列にある企業などが合併・再編して「みずほフィナンシャルグループ」ができるなど、企業集団の再編が進んでいる。

こうした企業集団は、親会社とよぶべき企業がなく、集団内の会社がお互いに株式を所有し合ったり、資金やモノを融通し合ったり、互いに製品を購入し合ったりというかたちで、結束している。親子会社のような強い結束ではなく、ゆるやかな結束で結ばれているのである。

ゆるやかな結束で結ばれている企業集団の場合、資本の結びつきもゆるやかであるから、

図表11―1　ゆるやかな企業集団の例

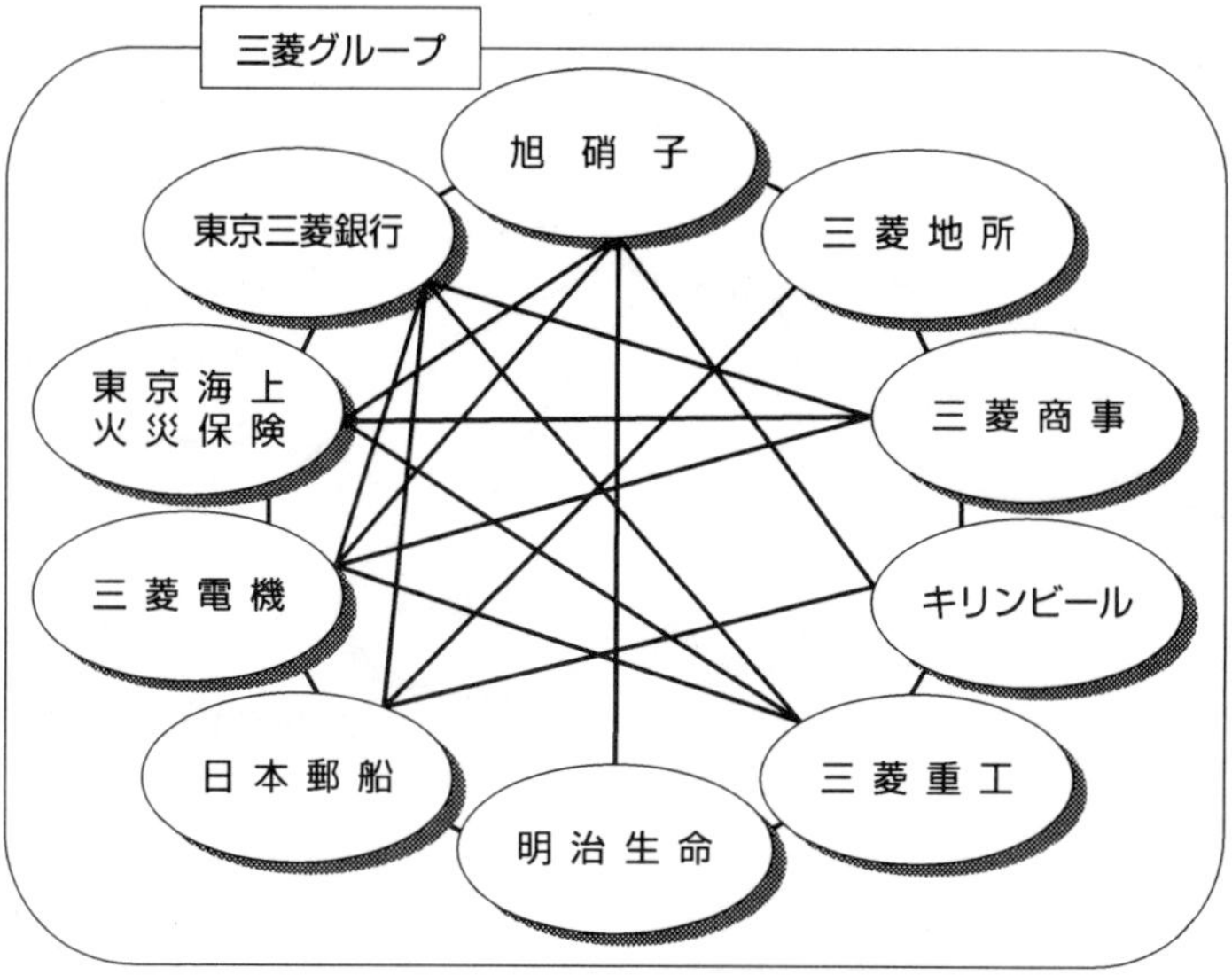

企業集団全体を一つとした財務諸表は作成されない。連結財務諸表を作成するのは、三菱グループのサブシステムを構成する「三菱重工業」であり「東京三菱銀行」であり「東京海上保険」なのである。であるから、こうした企業集団の場合、グループ全体の実態を知ろうとしても、連結財務諸表からは知ることができない。

親子会社としての企業集団は、たとえば、イトーヨーカ堂、セブン―イレブン・ジャパン、セブン銀行などが統合したセブンアンドアイ・ホールディングス、日立製作所を親会社として、日立金属、日立建機、日立化成工業、日立電線、日立マクセル、日立電子な

図表11―2　親子会社としての企業集団の例

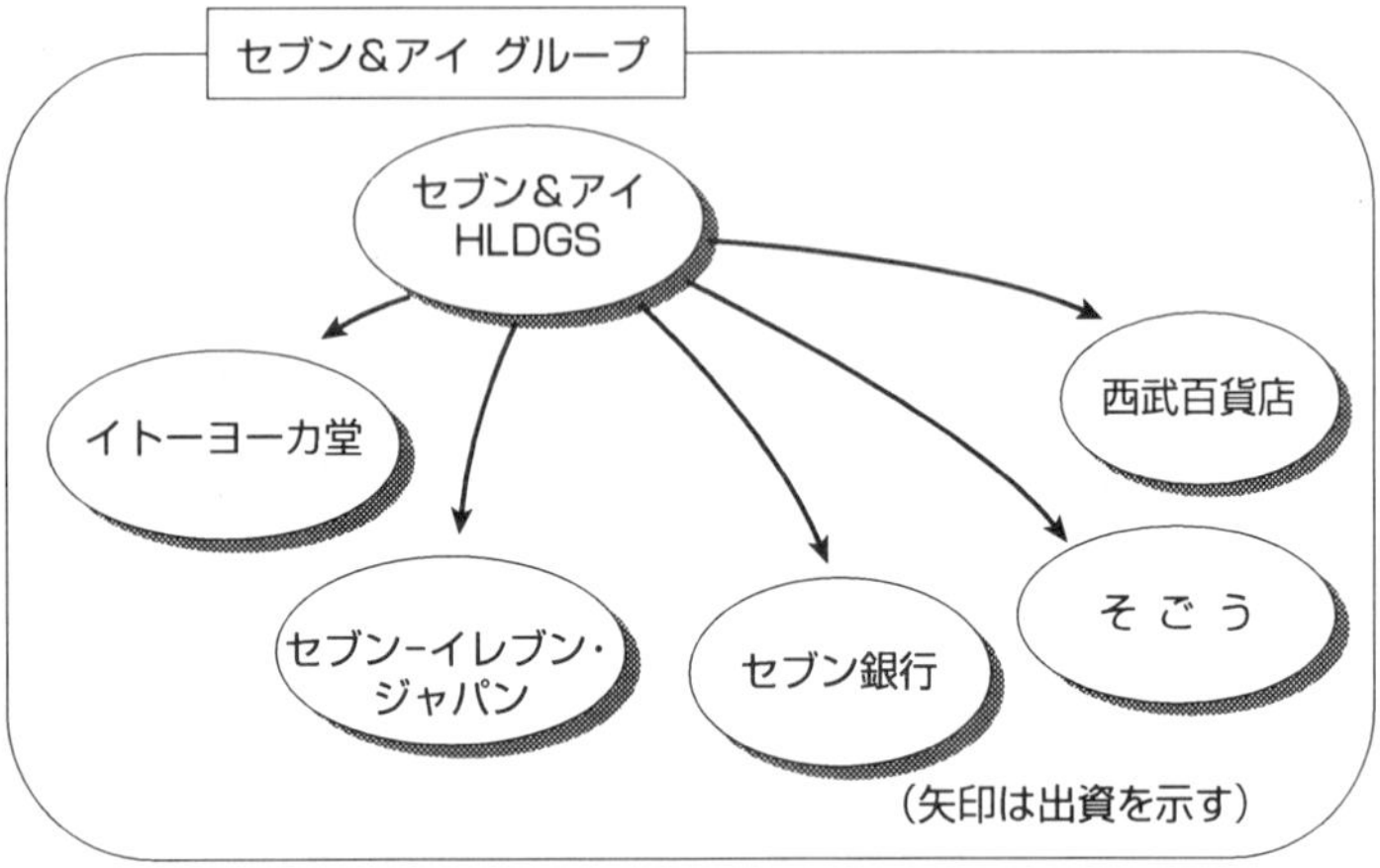

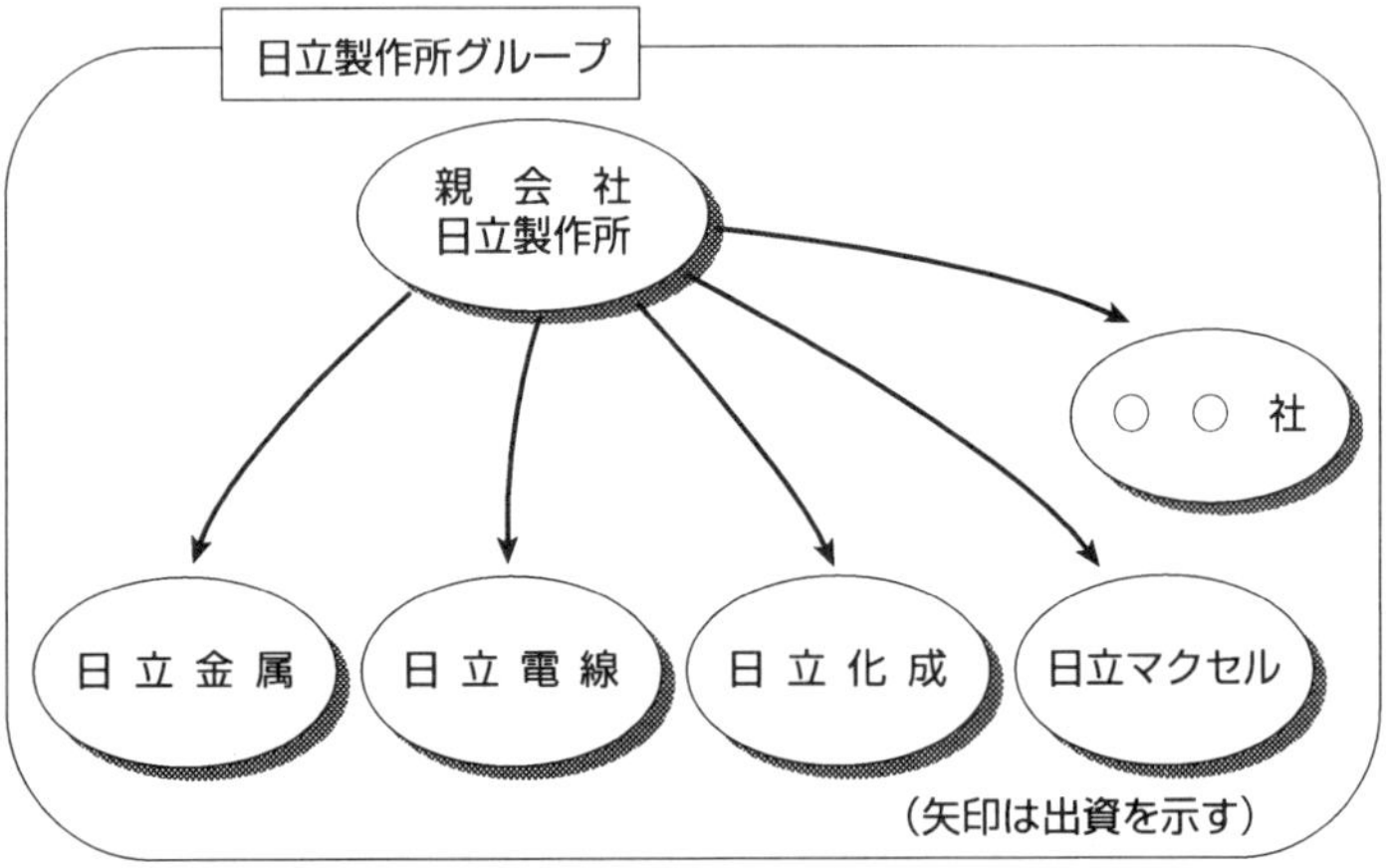

どを子会社とする日立グループなど、数多くある。

親子会社としての企業集団は、資本の関係が濃厚である。通常、子会社の資本を親会社が出し、孫会社の資本を子会社が出す。こうした資本関係の集団の場合は、連結財務諸表が集団の実態を表すといってよいであろう。

企業集団の財務諸表

こうした親子会社の関係にある企業集団の場合、製造部門と販売部門を別会社にしたり、多角化・分社化によって関連事業に進出したり、地区別に販売会社を配置したりしているため、親会社の貸借対照表と損益計算書（これにキャッシュ・フロー計算書をあわせて、財務諸表という）を見ただけでは、親会社の本当の姿も企業グループの姿もわからない。

そこで、こうした企業グループを形成している場合には、上で述べたように、グループ全体を一つの企業体として計算した「連結財務諸表」を作成する。

連結財務諸表	連結損益計算書 連結貸借対照表 連結キャッシュ・フロー計算書

図表11—3　ＮＴＴとＮＴＴグループの規模

2007年３月期（単位：億円）

	ＮＴＴ	ＮＴＴグループ	倍率
売上高	3,599	107,605	29.8(倍)
当期純利益	1,893	4,269	2.2
総資本	80,613	183,657	2.2
従業員数	2,872(名)	199,733(名)	69.5

図表11—4　本田技研と本田技研グループの規模

2007年３月期（単位：億円）

	本田技研	本田技研グループ	倍率
売上高	40,308	110,871	2.7(倍)
当期純利益	2,141	5,923	2.7
総資本	26,318	120,365	4.5
従業員数	26,652(名)	167,231(名)	6.2

親会社と企業集団を比較してみる

企業集団によっては、親会社の規模や成績と、グループ全体の規模や成績があまり違わないところもある。

たとえば、日清食品は、グループを構成する関連会社が二四社あるが、親会社の総資産が三、三六〇億円（二〇〇七年）であるのに対して、企業集団の総資産は二三％増の四、一〇〇億円にしかならず、売上高で見ても親会社が二、三七〇億円であるのに対して、企業集団の売上高は五〇％増の三、五八〇億円どまりである。経常利益も、親会社が三四七億円、グループが、わずか八％増の三七八億円であるから、単体（日清食品のこと）で見た場合と企業集団（日清食品グループ――連結財務諸表）で見た場合に、大きな違いはない。

ところが、本田技研工業とかＮＴＴ（日本電信電話）などの場合は、親会社と企業集団の規模がまるで違う。親会社だけの情報からグループ全体を判断することはできないし、グループの財務諸表（連結）だけで親会社を判断することもできない。

貸借対照表を比べてみる

最初に、本田技研工業のデータを使って、親会社と企業集団の百分率財務諸表を作ることにしよう。

つぎの二つの図表は、本田技研（親会社）と企業集団（連結）の貸借対照表である。

図表11—5　本田技研の個別貸借対照表（2007年３月31日）

（単位：億円）

資　　産		負債・純資産	
当座資産	5,715(21.7%)	流動負債	7,189(27.3%)
		負債合計	8,497(32.3%)
流動資産合計	11,501(43.7%)	資本金	860(3.3%)
有形固定資産	6,525(24.8%)	資本剰余金	1,703(6.5%)
		利益剰余金	15,119(57.4%)
固定資産合計	14,816(56.3%)	純資産合計	17,820(67.7%)
資産合計	26,318(100%)	負債·純資産合計	26,318(100%)

図表11—6　本田技研の連結貸借対照表（2007年３月31日）

（単位：億円）

資　　産		負債・純資産	
当座資産	34,271(28.4%)	流動負債	42,875(35.6%)
		社債・長期借入金	19,057(15.8%)
流動資産合計	52,523(43.6%)	負債合計	74,309(61.8%)
金融子会社保有長期債権	30,398(25.3%)	資本金·準備金	2,962(2.4%)
有形固定資産	20,787(17.3%)	利益剰余金	46,548(38.6%)
		純資産合計	46,056(38.2%)
資産合計	120,365(100%)	負債·純資産合計	120,365(100%)

※「その他の包括損失」と「自己株式」を純資産合計から差し引いてある。

本田技研の流動比率	$= \dfrac{11,501億円}{7,189億円} = 159.9\ (\%)$
本田技研グループの流動比率	$= \dfrac{34,271億円}{42,875億円} = 79.9\ (\%)$

二つの貸借対照表を見て、目を引くのは、親会社とグループの規模の差である。総資産で比べてみると、グループ全体では、親会社の四・五倍も大きい。また、親会社（本田技研）のときには自己資本が七〇％近くもあったのが、連結（本田技研グループ）になると、四〇％を割っていること、親会社だけで見ると、流動負債は二七％しかないのに、連結になると三五％を超えること、なども目につく。親会社だけで見ると負債の返済能力は高そうであるが、グループで見るとそうでもなさそうである。

借金の返済能力を見るために、流動比率を計算してみよう。

流動比率は、短期的な支払能力を見る指標で、流動負債（短期借入金や支払手形など）を即時に返済するには二〇〇％以上あることが望ましいといわれている。

親会社だけで見ると、一六〇％台であるが、グループとしては、「借金の返済能力」が八〇％以下に落ちる。連結財務諸表を作ってみると、親会社の財務諸表からは読めないこともわかる。

図表11―7　本田技研の個別損益計算書

(自2006年4月1日　至2007年3月31日)(単位：億円)

	金　　額	%
売　上　高	40,308	100
売上原価	27,233	67.6
売上総利益	13,075	32.4
販売費・一般管理費	11,057	27.4
営業利益	2,017	5.0
営業外収益	1,746	4.3
営業外費用	701	1.7
経常利益	3,061	7.6
特別利益	151	0.4
特別損失	799	2.0
税引前当期純利益	2,413	6.0
法人税・住民税	272	0.7
当期純利益	2,141	5.3

図表11―8　本田技研の連結損益計算書

(自2006年4月1日　至2007年3月31日)(単位：億円)

	金　　額	%
売　上　高	110,871	100
売上原価	78,651	70.9
売上総利益	32,220	29.1
販売費・一般管理費	18,182	16.4
研究開発費	5,518	5.0
営業利益	8,518	7.7
営業外収益	556	0.5
営業外費用	1,146	1.0
税引前利益	7,928	7.2
法人税等	2,838	2.6
当期純利益	5,922	5.3

前頁の二つは、本田技研の損益計算書と企業グループの連結損益計算書である。グループの売上高は、親会社の三倍近い。営業利益（本業の利益）を見ても、グループでは、親会社の四・二倍もかせいでいる。当期純利益も、親会社の二・七倍である。本田技研は、優秀な子会社群を持っているということがわかる。

企業集団は、どの事業でもうけているか

大きな規模の会社では、親会社が行う事業の他にも、子会社や関連会社を使ってさまざまな事業を展開している。

富士フイルム（旧社名・富士写真フイルム）といえば、世界でも有数のフイルム・メーカーとして有名であるが、デジタル・カメラや液晶ディスプレイ材料、システム機材などの事業も行っている。

連結財務諸表には、「セグメント情報」が記載されており、企業集団がどういう事業を行っているかを分析している。次頁のデータは、企業集団としての富士フイルムホールディ

図表11―9　富士フイルムホールディングスのセグメント情報（事業別）

2007年3月期（単位：億円）

	イメージング　ソリューション部門	ドキュメンタリーソリュ－ション部門	インフォメーションソリューション部門
売上高	6,053	11,510	10,260
営業利益	▲426	611	951

$$\text{ドキュメントソリューション部門の売上高利益率} = \frac{\text{営業利益611億円}}{\text{売上高11,510億円}} = 5.3(\%)$$

$$\text{インフォメーションソリューション部門の売上高利益率} = \frac{\text{営業利益951億円}}{\text{売上高10,260億円}} = 9.2(\%)$$

ングスに関するセグメント情報である。

「イメージング　ソリューション」というのは、カラーペーパー、映画フイルム、デジタルカメラ、ビデオテープなどで、「ドキュメント　ソリューション」は、コピー機、複合機、プリンターなど、「インフォメーション　ソリューション」は、記録メディア、携帯電話用レンズユニット、内視鏡などの部門である。

　セグメント情報を見ると、この会社が従来本業としてきた「DPE（現像・印画・引き伸ばし）」の部門（イメージング　ソリューション）が、売上高で見て、他の事業よりも小さいことに気がつく。しかも、当期は損失まで出している。この会社が、フイルムの会社から、「映像と情報」をキーワードにして、事業内容を大きく変革してきたことがわかる。

図表11―10　富士フイルムの所在地別セグメント情報

2007年３月期（単位：億円）

	日　本	米　州	欧　州	アジア他
売 上 高	16,661	4,911	3,042	2,849
営業利益	869	▲129	▲23	410

事業別に売上高利益率を計算すると前頁のとおりである。

こうした計算をしてみると、いまでは、この会社の収益源がインフォメーション　ソリューション部門にあることがわかる。

企業集団は、どこでかせいでいるか

企業集団によっては、トヨタや本田技研のように、海外でかせいでいるグループもあるし、国内でかせいでいるグループもある。では、富士フイルムホールディングス（富士ゼロックスなどの子会社を含む）は、どこの地域でかせいでいるであろうか。

上の図表は、同グループの地区別セグメント情報である。

この情報を使って、地区別の売上高利益率を計算したのが二二一頁の式である。こうした計算をしてみると、富士フイルムグループは、利益のほとんどを国内とアジア地区で稼いでいることがわかる。

個別財務諸表と連結財務諸表をどう使い分けるか

わが国では、企業集団がいくら巨額の利益を上げても、その利益を誰かに配当するということはない。連結財務諸表に計上されている利益には、子会社の利益も入っていれば関連会社の利益の一部も入っている。

個別財務諸表は、通常、株主総会の議を経て承認・確定するが、連結財務諸表にはそうした手続きがない。そこで計上される利益は、「仮に、企業集団が一個の会社だとしたら」という仮定の下に計算したものである。そうした会社は実在しないから、企業集団の株式が発行されるわけでもなく、株主がいるわけでもない。

配当を受け取ったり、自分の取り分としての利益を確定したりするのは、今後も、個別財務諸表をベースとして行われる。そういう意味では、これからも個別財務諸表の意義は失われないであろう。

しかし、個別財務諸表の数値は、親会社がある程度まで操作することができる。たとえば、親会社が経営不振に陥ったときには、製品を子会社に高く売ったことにして親会社の利

日本の売上高利益率	$\dfrac{\text{営業利益869億円}}{\text{売上高16,661億円}} = 5.2(\%)$
アジア他の売上高利益率	$\dfrac{\text{営業利益410億円}}{\text{売上高2,849億円}} = 14.4(\%)$

益を嵩《かさ》上げすることができるし、親会社が儲けすぎたときには売上げや利益の一部を子会社に移して利益隠しをしたりすることができる。

では、個別の財務諸表と連結財務諸表をどのように読み分けたらよいのであろうか。今年の配当はいくらとか、現在の債務返済能力はどうか、などといった短期的な分析には、個別のデータが役に立ちそうであるし、少し長期的な収益性や安定性などを判断するには、連結ベースのデータが役に立つのではないであろうか。

第12章　経営計画と経営戦略を読む

証券取引所に上場している会社であれば、「有価証券報告書」（「有報《ゆうほう》」と呼ばれる）の中でいろいろな情報を公開している。

有価証券報告書には、財務諸表だけではなく、事業の概況、営業の状況、研究開発活動の状況、生産能力（生産計画と生産実績）、販売実績、輸出割合、設備の現況や新設計画など、企業を理解するのに必要な情報が記載されている。

そうした意味で、有価証券報告書は企業情報の宝庫である。せっかく企業がそうした情報を公開しているのであるから、投資する前に、あるいは、就職試験を受ける前に、ぜひ、一読しておきたい。

本章では、有価証券報告書を使って、企業の経営計画と経営戦略を読むことにする。

配当政策を読む

本来、利益はすべて、企業の所有者である株主のものである。しかし、企業は、かせいだ利益をすべて株主に支払うわけではない。いろいろな事情から、利益の一部を配当として株主に支払い、残りを企業内部にとっておく。こうして利益の一部を会社に取っておくことを「内部留保」といい、取っておく利益を「留保利益」という。

利益のうち、どれくらいを配当し、どれくらいを内部留保するかを、株主に公約している企業もある。

たとえば、アサヒビールは、「継続的かつ安定的な配当を基本としつつ、連結配当性向二〇%以上を目指すとともに、自己株式の取得も適宜実施し、総合的な株主還元の充実化」を図るとしている（同社の有価証券報告書）。

また、本田技研工業は、「配当と自己株式取得をあわせた金額の連結純利益に対する比率（株主還元性向）」三〇%をめどにすることを公約している（同社の有価証券報告書）。

配当政策を配当性向というかたちで公約している企業は、かならずしも多くはない。多数の企業は、「当社は安定的な配当の維持および向上を基本方針としている」というように、配当を平準化することを方針としている。

経営戦略を読む

有価証券報告書の中の「営業の状況」を読むと、企業の経営戦略がよくわかる。

たとえば、京セラは、「グローバル経営の強化」をねらって、アジア地域における現地生産を強化するため、インドネシアでの電子部品等の生産拡大、中国での電子部品の生産拡大とカメラの販売拡大を計画している。

ソニーは、「多くのビジネス分野において、ブロードバンドの普及によるネットワークインフラの整備にともなう異業種からの参入により、競争が激化」という状況に対処するため、「事業の絞込み、製品モデル数の削減、製造拠点の統廃合、間接部門の効率化、非戦略資産の売却などの競争力向上と経営体質強化に向けた施策を実行」している。これにより、ソニーは、新しい組織体制のもと、「構造改革ならびに成長戦略をバランスよく組み合わせ、エレクトロニクス、ゲーム、エンタテインメントの3つのコア事業の競争力強化」に取り組む姿勢を明らかにしている（同社の有価証券報告書）。

経営計画や経営戦略が読めない企業も少なくない。たとえば、具体的な政策・戦略を示すことなく、「豊かな社会の実現に貢献しうる企業を目指して引き続き努力する所存」とか、「活力あふれる企業を目指し、株主の期待にこたえていく所存」などと書かれても、経営者の姿勢や未来に対する展望、あるいは、経営戦略といったものは読みとれない。

有価証券報告書は、自社の「はだかの姿」も「将来計画」も「経営戦略」もすべて白日の下にさらけ出して、株主や投資家の判断を仰ぐために作成される書類である。

有価証券報告書の中で「わが社の現状と将来」を明確に示せないようでは、中身のない「作文」でお茶を濁しているだけである。

そうした企業には、明確な戦略がないのである。そこを知るだけでも、有価証券報告書を読む価値がある。

投資計画・生産計画を読む

経営戦略は、目標を掲げるだけでは「空鉄砲」である。

実弾の入っていない鉄砲など「おもちゃ」にすぎないが、口先だけの経営戦略や経営計画

図表12―1　ソニーの設備投資計画（2007年度）

事業の種類別セグメントの名称	（億円）	設備等の主な内容・目的
エレクトロニクス	377.0	半導体や電子デバイスを中心とした生産設備投資
ゲーム	20.0	ネットワーク関連設備投資など
映画	21.0	デジタル化推進にともなうＩＴ関連設備投資など
金融	15.0	リース事業にともなうリース用資産の購入，システム関連投資など
その他	3.0	インターネット関連サービス事業におけるシステム関連投資など
合計	440.0	―

も「作文」でしかない。

経営計画には、具体的な行動をともなってこそ意味がある。企業が、表明した戦略をどこまで具体的に実施する気なのかは、たとえば、研究開発活動とか設備投資の計画、生産計画などを読むとわかる。

参考までに、ソニーの設備の投資計画（平成一九年度）を紹介しておく。

設備の新設・拡充計画は、総額で四、四〇〇億円で、その内訳は上のとおりである。同社の有価証券報告書（平成一八年度）を読むと、これらの設備投資はすべて自己資本でまかなうとしている。主として力をそいでいるエレクトロニクス部門には、一八年度も三、五一四億円の設備投資をしており、生産部門の合理化、品質向上、需要増大にともなう生産設備の増強を図っている。

生産能力・生産余力を読む

会社の現有設備がどれだけの生産能力を持ち、現在、その能力の何割くらいで営業しているのかを知ることは重要である。目一杯で、フルに稼働しているとすれば、急な需要増加に対応できない。かといって、あまり余裕たっぷりというのも不経済である。

たとえば、ここ数年、躍進著しいアサヒビールを見てみよう。同社は、酒類の生産能力を、

酒のタンクの容量×年間平均回転率

を基礎に、仕込みとビン詰め能力などを総合判定して算定している。

平成一一年度の有価証券報告書によると、同社の酒類の生産能力と生産実績は次頁のとおりであった。

このデータからわかることは、この時期、アサヒビールはフル生産しても間に合わない状況だったということである。その後、神奈川県南足柄市に神奈川工場を建設（平成一四年五

図表12—2　アサヒビールの生産能力（平成11年度）

製品名	設備能力(年間)	設備能力の算定方法
酒　類	2,107,300kλ	(貯酒槽容量)×(年間平均回転率)、びん詰能力他を総合判定

図表12—3　アサヒビールの生産実績（平成11年度）

製品名	合　　計	操　業　度
酒　類	2,541,567kλ	121%

月完成）し、東京工場の稼働を平成一四年末までにやめる計画を立てた。しかし、平成一二年度の有価証券報告書には、生産能力や生産実績のデータがなく、こうした設備増強によって需要増加に十分対応できるかどうか、明らかではない。

四輪車・二輪車のスズキは、「海外の旺盛な需要と慢性的な生産能力不足に対処するため」、相良工場敷地内に年産二四万台規模の小型車専用工場を建設することを決めている（同社の一八年度有価証券報告書）。こうした情報は、次期以降の販売台数や売上高、さらには利益の金額を予測するのに役に立つであろう。

研究開発活動を読む

有価証券報告書には、会社の研究開発に対する取り組みが示されている。どういう研究開発にどれだけの資金が投入されているかは、会社の将来性を読むうえで、必須の情報である。

研究開発は、当面の利益には貢献しないし、将来的にもその研究が成果を出すという保証もない。しかし、先端産業に属する会社や業界のリーディング・カンパニーなどにとっては、事業と研究開発は車の両輪で、研究活動が活発に行われている会社でなければ将来性はないともいえる。

毎年、多額の研究開発費を使っているトヨタは、一八年度において、八、九〇七億円の研究開発費を支出している（連結）。その内訳は、自動車事業に八、〇三六億円、エネルギー・環境・情報・通信に八七一億円である。

同じく研究開発に多額の費用をかけてきたキヤノンは、一八年度に総額で三、〇八三億円（連結）、内訳は事務機関係が一、一三八億円、カメラ四一一億円、光学機器二九九億円、などである。

こうした情報は、有価証券報告書の「研究開発」の項に記載されている。しかも、単に研究開発にどれだけ支出したかという情報にとどまらず、その支出によって、いかなる成果を上げたかも、詳細に分析されている。

有価証券報告書には、そのほかにもたくさんの情報が盛り込まれている。そうした情報を丹念に読み、分析すると、思わぬところで会社の経営計画や経営戦略をうかがい知ることができる。最近では、わざわざ有価証券報告書を買わなくても、インタネットの「EDINET」で入手できるので便利である。ぜひ、インターネットで「EDINET」と入力して、知りたい会社の情報にアクセスしてみていただきたい。

第13章
決算短信を読む

決算短信とはなにか

世はこぞってディスクロージャーばやりである。会計の世界でなくてもディスクロージャーという言葉は大モテである。そういえば、かつて「ディスクロージャー」という映画があったが、ここでいうディスクロージャーとは少し意味合いが違う。

会計ディスクロージャーのチャネルの代表は有価証券報告書である。しかし、困ったことに、有価証券報告書がわれわれの手元に入るのは、決算日から約三か月後である。

ディスクロージャーの命はタイムリーさ、つまり適時性である。そのために、タイムリー・ディスクロージャーという用語もある。台風が去ってしまってから台風情報を聞いてもなんの意味もない。台風が接近する前に、台風の規模、風速、雨量など、できるだけ正しい台風情報を入手すれば、その情報価値は高い。そうした適時に情報を入手するチャネルは、会計ディスクロージャーにはないのだろうか。

会計ディスクロージャーの世界でも、よく調べてみると、タイムリー・ディスクロージャーの観点から自発的にディスクロージャーされる情報がある。たとえば会社が自発的に開示するNEWS RELEASEや、上場会社が証券取引所の記者クラブで配布する決算短信などがそうである。

決算短信は証券取引所の所定の様式および記載要領にもとづいて作成されるもので、ディスクロージャー・チャネルとしてはもっともタイムリーな開示書類である。

図表13―1　決算スケジュール――ソニーの場合――

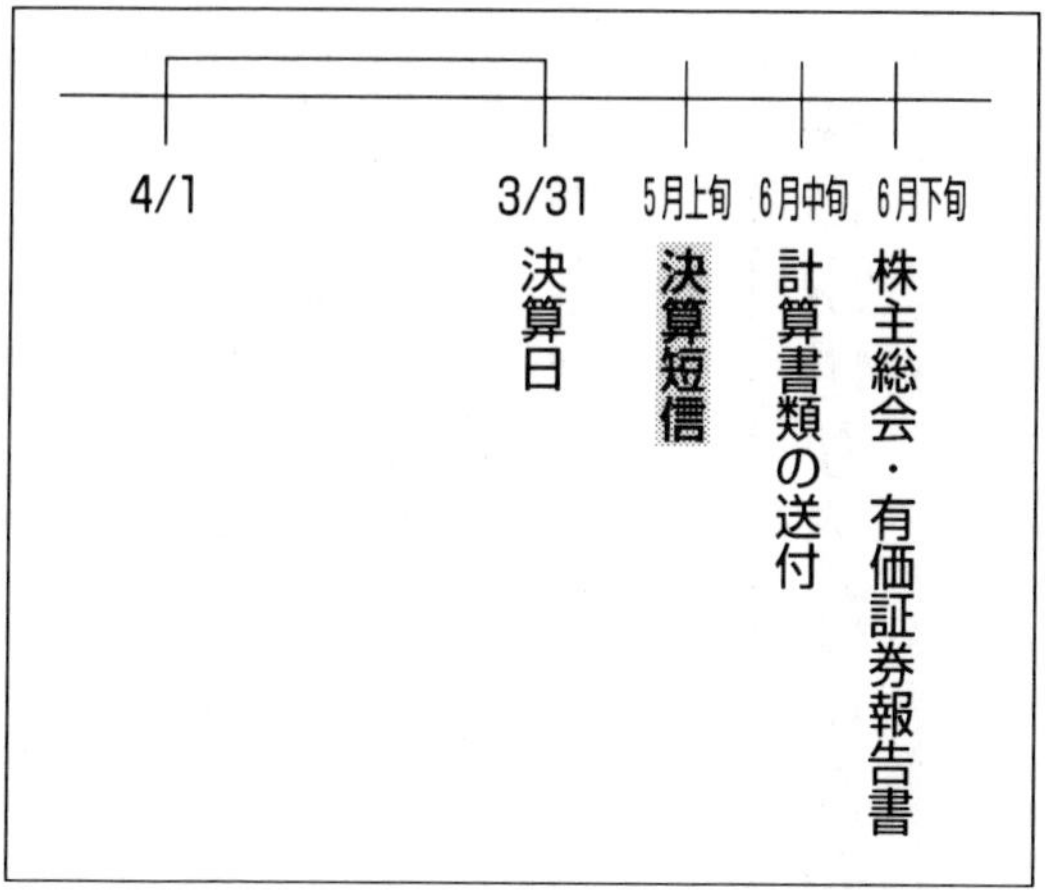

たとえば、ソニーの場合、図表13―1に示すように、決算日は三月三一日であるが、計算書類が株主に発送されるのは六月中旬であり、有価証券報告書は六月下旬に開催される株主総会の後に内閣総理大臣に提出され、かつ公衆の縦覧に供される。

それに対して、決算短信が証券取引所の記者クラブに配布されるのが五月上旬であるので、いかにタイムリーな情報かがよくわかるだろう。

決算短信には、単体の決算短信、中間決算短信および連結決算短信がある。

決算短信の内容は、(一) 経営成績 (売上高、営業利益、経常利益、当期利益、一株当たり当期利益、株主資本当期純利益、総資本経常利益率、売上高経常利益率)、(二) 配当状況 (一株当たり年間配当金、配当金総額、配当性向、株主資本配当率)、(三) 財政状態 (総資産、株主資本、株主資本比率、一株当たり株主資本)、(四) 次期業績予測 (売上高、経常利益、当期利益、一株当たり年間配当金) からなっている。また、決算短信には貸借対照表、損益計算書、利益処分案なども添付されており、決算の概要を把握するための情報として、きわめて利用価値が高いといえる。

決算短信からなにがわかるか

決算短信で特徴的なのは次期の業績予想である。

経営者が次期の経営計画を立てるうえでいちばん肝心なことは、その年の売上高がいくらになるかを予測することである。その年の売上高を正確に予測することができれば、おおよその利益額もわかる。売上高と利益が予測できれば、その年の設備投資高、従業員の採用人

図表13―2　ソニーの決算短信

2007年度　中間決算短信（米国会計基準）

2007年10月25日

上場会社名　ソニー株式会社　　上場取引所　東証一部・大証一部
コード番号　6758　　URL　http://www.sony.co.jp/
代表者　代表執行役　中鉢　良治
問合せ先責任者　IR部　統括部長　園田　達幸　　TEL　(03) 6748-2180
半期報告書提出予定日　2007年11月29日　　配当支払開始予定日　2007年12月3日

（百万円未満四捨五入）

1．2007年度中間期の連結業績（2007年4月1日～2007年9月30日）
(1) 連結経営成績　（%表示は対前年中間期増減率）

	売上高および営業収入		営業利益		税引前当期純利益		中間期（当期）純利益	
	百万円	%	百万円	%	百万円	%	百万円	%
2007年度中間期	4,059,547	+12.8	189,793	+2,953.8	171,682	+515.2	140,170	+312.6
2006年度中間期	3,598,415	+9.7	6,215	△90.9	27,906	△74.2	33,971	+60.2
2006年度	8,295,695	—	71,750	—	102,037	—	126,328	—

	1株当たり中間（当期）純利益		潜在株式調整後1株当たり中間（当期）純利益	
	円	銭	円	銭
2007年度中間期	139	79	133	22
2006年度中間期	33	93	32	36
2006年度	126	15	120	29

（参考）持分法投資損益　2007年度中間期　43,111 百万円　2006年度中間期　23,343 百万円　2006年度　78,654 百万円

(2) 連結財政状態

	総資産	純資産	自己資本比率	1株当たり純資産	
	百万円	百万円	%	円	銭
2007年度中間期	12,470,860	3,545,455	28.1	3,498	37
2006年度中間期	11,143,645	3,277,004	29.0	3,232	47
2006年度	11,716,362	3,409,674	28.8	3,363	77

（参考）自己資本　2007年度中間期　3,508,858 百万円　2006年度中間期　3,236,745 百万円　2006年度　3,370,704 百万円

(3) 連結キャッシュ・フローの状況

	営業活動によるキャッシュ・フロー	投資活動によるキャッシュ・フロー	財務活動によるキャッシュ・フロー	現金及び現金同等物期末残高
	百万円	百万円	百万円	百万円
2007年度中間期	△69,035	△548,851	447,192	626,984
2006年度中間期	△72,775	△324,538	253,617	555,330
2006年度	561,028	△715,430	247,903	799,899

2．配当の状況

	1株当たり配当金					
（基準日）	中間期末		期末		年間	
	円	銭	円	銭	円	銭
2006年度	12	50	12	50	25	00
2007年度	12	50				
2007年度（予想）			未定		未定	

3．2007年度の連結業績予想（2007年4月1日～2008年3月31日）
（%表示は対前期増減率）

	売上高および営業収入		営業利益		税引前当期純利益		当期純利益		1株当たり当期純利益	
	百万円	%	百万円	%	百万円	%	百万円	%	円	銭
通期	8,980,000	+8.2	450,000	+527.2	500,000	+390.0	330,000	+161.2	329	10

数も決定することができる。

会社の業績予測は、経営者に限らず、投資家にとっても、株価の動きや配当の増減を判断するうえで重要な情報となる。

次期業績予想は、その会社の経営計画を熟知した企業経営者によって作成される。すなわち、決算短信に示されている予想値には、新年度の投資計画、予定の操業度、新規事業の計画、不良債権等の処理の計画、新しい資金の導入計画、株式市場や為替・金利などに関する経営者の予測など、さまざまな要因が反映されており、経営者ならではの貴重な値である。

企業の将来を見通すためには、決算短信の次期業績予想は非常に役に立つ情報である。図表13－2は、ソニーが公表した決算短信の一部分である。

第14章 資金情報を読む

資金とはなにか

資金ということばは、会計に関することばのなかでも、とりわけなじみの深いことばだ。売掛金《うりかけきん》、買掛金《かいかけきん》ということばは簿記を習ったことでもあればなじみがあるが、商売にたずさわったことのない一般の人には通じないことが多い。

しかし、資金ということばは別格で、「資金が足りない」というと、誰にでも事態が深刻であることが伝わる。

それでは、会社経営に必要な資金とはなにか。ひとくちに資金といっても、会計データとしての資金にはさまざまな意味がある。

「運転資金」＝貸借対照表の「流動資産」の合計額

「正味運転資金」＝流動資産の合計から流動負債の合計を差し引いた金額

「当座資金」＝現金、預金、売上債権、市場性ある一時所有の売買目的有価証券などの「当座資産」の金額

「正味当座資金」＝「当座資金」から流動負債を差し引いた金額

「支払資金」＝「当座資金」から有価証券、短期借入金などの財務項目を差し引いた金額
「現金資金」＝現金と普通預金・当座預金などの要求払預金（定期預金などの貯蓄性預金は含まない）の合計額

これらはみな、支払手段として使える資産はどこからどこまでかを考えたもので、「現金資金」はもっとも範囲の狭い概念といえるが、連結キャッシュ・フロー計算書が制度化されることによって、資金といえば基本的に「現金資金」をさすようになった。

かつて制度的に作成、開示が義務づけられていた資金収支表では、資金といえば「現金、預金、一時的に所有している有価証券」であった。しかし、キャッシュ・フロー計算書で資金として扱われるのは、現金（現金資金）と現金同等物（取得日から三か月以内に満期日または償還日が到来する短期的な投資）である。資金の範囲が狭くなっている。

現金同等物とは、現金の形態はとっていないが換金することが容易で、しかも換金したときの目減りがきわめて少ないものを指し、具体的には三か月以内に満期日、償還日を迎える定期預金、譲渡性預金、コマーシャル・ペーパーなどがそれに該当する。

資金情報はなぜ必要か

会社は利益が出ていても倒産することがある。小切手や手形の不渡りを六か月の間に二度出すと、貸付取引や当座預金口座取引などの銀行取引を二年間停止される。これは実質上の倒産を意味する。

不渡りとは取引先などに引き渡した小切手や約束手形が、支払期日になっても決済できないということであり、資金の不足が導いた結果である。

このような資金の不足を生じる可能性がある会社とは、安心して取引できない。安心して取引できる取引先とは、債務や仕入代金の支払能力が十分にある会社である。

経営者にとって利益は重要な指標だが、利益は収益と費用から測定されるものであり、資金の収入、支出を直接には表さず、利益の多少からだけでは、現金収支の状況はわからない。いくら収益があっても代金の受取りが売上債権、未収債権となっていれば、資金としては使えない。

たとえば商品（仕入値六〇）の販売にともなう収益が一〇〇あったとしても、そのうち売掛金が七〇あったら現金の流入は三〇にすぎない。もし、その商品を仕入れるのに現金で四〇支払い、二〇を買掛金という仕入債務にしてあったとしたら、現金の有り高は三〇から四〇を差し引いたマイナス一〇であり、現金資金は減少したことになる。

同じ例で、仕入れを現金二〇、買掛金四〇で行い、収益一〇〇のうち売掛金を三〇とし、現金七〇を回収したとしたら、現金は七〇から二〇を差し引いた五〇だけ増加する。

ただし、この場合でも、一～五か月後の買掛金の決済にともない四〇の現金が必要だが、売掛金の決済にともなって回収できるのは三〇の現金だけである。したがって、増加した五〇をまるまる別の用途に使ってしまうと、後の買掛金が決済できなくなる。

つまり、資金の需給を満たすためには、売上債権、未収債権、貸付債権と、買入債務、未払債務、借入債務などを上手にタイミングよく利用する必要がある。これらは利益を測定するための会計データ処理とは別のデータ処理を必要とし、利益を稼ぐための販売業務、製造業務とは別の、まったく異なる管理業務を必要とする。

さらに、資金情報は伝統的な財務情報に代替する情報としての能力をもっている。

会社というものは、もともと資金に始まる。出資者、債権者が資金を提供し、経営者がその資金を預かって管理、運用することによって会社は営まれている。

しかしながら、期間損益計算に主眼を置いている現在の収益・費用測定会計では、たとえば費用性資産ということばに象徴されるように、会社に資金がどれほどあるか、資金を調達する能力（換金価値）はどのくらいあるかということは、ないがしろにされている。

資金というものに会社の実体を求めたとき、現在の財務諸表はあまり多くのことを示さない。むしろ、資金情報、あるいはキャッシュ・フロー計算書というものこそが、会社の実体を表すものである。そういう考え方も存在する。

資金表・資金繰り表

経営者にとって資金を分析する目的は、資金のやり繰り、「資金繰り」にある。資金繰りとは、現在ある資金と将来入金する資金とで、将来の支払いをまかなうことをいう。

必要な情報は、現在の資金の有り高に関する情報と将来の資金収支の予定（予想）に関する情報、それと収支に関する将来情報の確実性を判断する材料である。

資金繰りは、収入と支出をコントロールすることであるが、そのためのさまざまな種類の資金表（資金計算書）がある。

図表14―1　資金繰り表（1部制4区分）

科目			4月	5月	6月	7月	8月
前月繰越							
収入	売上	現金売上					
		売掛金回収					
		受取手形入金					
	手形割引						
	借入金						
	雑収入						
	計						
支出	仕入	現金仕入					
		買掛金支払					
		支払手形決済					
	販売費・管理費						
	支払利息						
	設備投資						
	借入金返済						
	雑支出						
	計						
次月繰越							

図表14－2　資金繰り表（3部制8区分）

科目			4月	5月	6月	7月	8月
前月繰越（A）							
営業収支	収入	現金売上					
		売掛金回収					
		受手期日回収					
		雑収入					
		合計（B）					
	支出	現金仕入					
		買掛金支払					
		支手決済					
		販管費支払					
		利息支払					
		雑支出					
		合計（C）					
	差引(D)＝(B)－(C)						
設備等の収支	収入	有価証券売却					
		……………………					
		合計（E）					
	支出	機械購入					
		……………………					
		合計（F）					
	差引(G)＝(E)－(F)						
金融収支	収入	借入					
		手形割引					
		……………………					
		合計（H）					
	支出	借入金返済					
		社債償還					
		……………………					
		合計（I）					
	差引(J)＝(H)－(I)						
支出残合計(K)＝(D)＋(G)＋(J)							
次月繰越(L)＝(A)＋(K)							

まず、資金表には実績を表示する資金表と見積りの資金表がある。

さらに収支の把握の仕方の違いによって分けると、つぎのような種類の資金表がある。

「資金運用表」＝当期と前期の貸借対照表項目の増減を、資金の流入（資金の源泉）と資金の流出（資金の運用）とみなして分類、整理し、一覧表にしたもの。主に実績を表示する資金表である。

「資金移動表」＝資金運用表に加えて、損益計算書のデータも利用した表で、たとえば、当期の売上による収入は「当期の売上－売上債権増加額」と計算する。なお、作成方法には、直接法と間接法がある。これも、主に、実績を表示する資金表である。

「資金繰り表」＝現金資金を、①前期繰越金、②収入、③支出、④次期繰越金のように一部制四区分（図表14―1参照）したり、収入、支出を細分化して①前期繰越金、②営業収入、③営業支出、④設備等の収入、⑤設備等の支出、⑥金融関係の収入、⑦金融関係の支出、⑧次期繰越金に三部制八区分（図表14―2参照）したりして表示する資金表である。実績を表示する資金表としても、見積もりによる計画表としても、利用することができる。

連結キャッシュ・フロー計算書を活用する

一九九七年六月に「連結財務諸表原則」が改訂され、金融商品取引法（当時、証券取引法）上、二〇〇〇年三月決算から全面的に、連結財務諸表が個別財務諸表に代わって主たる財務諸表として位置づけられている。

また、これにともない、上場会社は従来から作成が義務づけられていた資金収支表に代わり、連結キャッシュ・フロー計算書を作成することになった。連結キャッシュ・フロー計算書の内容については一九九八年三月に企業会計審議会から「連結キャッシュ・フロー計算書等の作成基準の設定に関する意見書」が公表され、具体的に示されている。

連結キャッシュ・フロー計算書は、会社集団の一会計期間における対外的なキャッシュ・フローを①営業活動によるもの、②投資活動によるもの、③財務活動によるものと三部に区分して現金と現金同等物の収支を表示する。

「営業活動によるキャッシュ・フロー」の区分には、商品、サービスの販売による収入、商品、サービスの購入による支出など、営業損益計算の対象となった取引と、投資活動、財務活動に含まれない取引によるキャッシュ・フローが記載される。

「投資活動によるキャッシュ・フロー」の区分には、固定資産の取得と売却、現金同等物に含まれない短期投資としての有価証券の取得と売却などによるキャッシュ・フローが記載される。

「財務活動によるキャッシュ・フロー」の区分には、株式の発行による収入、自己株式の取得による支出、社債の発行・償還、借入・返済による収入、支出など、資金の調達、返済によるキャッシュ・フローが記載される。

とくに「営業活動によるキャッシュ・フロー」については「直接法」（図表14―3参照）と「間接法」（図表14―4参照）の二つの表示方法が認められている。

「直接法」は営業収支から収支の状況を段階的に表示する方法であるのに対し、「間接法」は法人税などを控除する前の当期純損益から始めて、現金の増減をともなわない収益・費用項目や営業活動に関わらない収益・費用項目を差し引いたり、戻し入れたりして表示する方法である。

つまり、「直接法」による連結キャッシュ・フロー計算書の方が営業収支に関する情報が詳細に表示されていて情報として質が高い。

しかし、連結キャッシュ・フロー計算書では、親会社とは会計データの処理方法が異なる被連結子会社の営業収支の段階のキャッシュ・フローまで把握するのは手数がかかり困難であるという理由から「間接法」が採用されることが多い。「間接法」による連結キャッシュ・フロー計算書は、期間損益計算にもとづく純損益と営業活動によるキャッシュ・フローとの関係が明示されるという利点もある。

会社は個別で見ると資金の不足が慢性化しているにもかかわらず、実は親会社から資金融通を受けていて資金不足による倒産をなかなか起こさないことがある。このことは個別の財務諸表からはわからないが、連結キャッシュ・フロー計算書によって明らかとなる。ただし、親子会社間のキャッシュ・フローは開示されない。

図表14－3　連結キャッシュ・フロー計算書（直接法）

Ⅰ　営業活動によるキャッシュ・フロー	
営業収入	×××
原材料又は商品の仕入支出	－×××
人件費支出	－×××
その他の営業支出	－×××
小計	×××
利息及び配当金の受取額	×××
利息の支払額	－×××
損害賠償金の支払額	－×××
……………………	×××
法人税等の支払額	－×××
営業活動によるキャッシュ・フロー	×××
Ⅱ　投資活動によるキャッシュ・フロー	
有価証券の取得による支出	－×××
有価証券の売却による収入	×××
有形固定資産の取得による支出	－×××
有形固定資産の売却による収入	×××
投資有価証券の取得による支出	－×××
投資有価証券の売却による収入	×××
連結範囲の変更を伴う子会社株式の取得	－×××
連結範囲の変更を伴う子会社株式の売却	×××
貸付けによる支出	－×××
貸付金の回収による収入	×××
……………………	×××
投資活動によるキャッシュ・フロー	×××
Ⅲ　財務活動によるキャッシュ・フロー	
短期借入れによる収入	×××
短期借入金の返済による支出	－×××
長期借入れによる収入	×××
長期借入金の返済による支出	－×××
社債の発行による収入	×××
社債の償還による支出	－×××
株式の発行による収入	×××
自己株式の取得による支出	－×××
親会社による配当金の支払額	－×××
少数株主への配当金の支払額	－×××
……………………	×××
財務活動によるキャッシュ・フロー	×××
Ⅳ　現金及び現金同等物に係る換算差額	×××
Ⅴ　現金及び現金同等物の増加額	×××
Ⅵ　現金及び現金同等物期首残高	×××
Ⅶ　現金及び現金同等物期末残高	×××

図表14－4　連結キャッシュ・フロー計算書（間接法）

Ⅰ	営業活動によるキャッシュ・フロー	
	税金等調整前当期純利益	×××
	減価償却費	×××
	連結調整勘定償却額	×××
	貸倒引当金の増加額	×××
	受取利息及び受取配当金	－×××
	支払利息	×××
	為替差損	×××
	持分法による投資利益	－×××
	有形固定資産売却益	－×××
	損害賠償損失	×××
	売上債権の増加額	－×××
	たな卸資産の減少額	×××
	仕入債務の減少額	－×××
	……………………	×××
	小計	×××
	利息及び配当金の受取額	×××
	利息の支払額	－×××
	損害賠償金の支払額	－×××
	……………………	×××
	法人税等の支払額	－×××
	営業活動によるキャッシュ・フロー	×××
Ⅱ	投資活動によるキャッシュ・フロー（図表14―3に同じ）	
Ⅲ	財務活動によるキャッシュ・フロー（図表14―3に同じ）	
Ⅳ	現金及び現金同等物に係る換算差額	×××
Ⅴ	現金及び現金同等物の増加額	×××
Ⅵ	現金及び現金同等物期首残高	×××
Ⅶ	現金及び現金同等物期末残高	×××

第15章
資産や負債の含みとはなにか

含み益・含み損とはなにか

今日の会計制度では、資産にかかわる会計データ処理には原則として「原価主義」が採用されており、取得した時点の原価によって測定・表示される。

その会計年度に取得した資産はもちろんのこと、何年も前に取得した資産についても、貸借対照表では、原則として原価（または原価から減価償却累計額を差し引いた金額）で表示されている。

営業循環の中にあるか一年を超えないと現金化しない資産を固定資産といい、そのうち、眼で存在を確認できる資産を有形固定資産という。そのような資産のなかで、時の経過による劣化、使用による消耗、新製品の開発による陳腐化などによって価値が減少するものについては、その価値の減少にともない償却（資産勘定から費用勘定への振替）を行う。このことを減価償却といい、減価償却費の積年の累計を減価償却累計額という。

ところで、この減価償却累計額は価値の減少を客観的に測定したものではなく、定額法や定率法というような便宜的な方法を使って計算したにすぎない。

したがって、原価から減価償却累計額を差し引いた金額は、時価とは無縁である。また、土地にいたっては、毎年、一定の価値減少を起こすものではないから定期的な減価償却は行われず、バブル経済が崩壊するまでは大きな価値減少はないと信じられていたため、臨時の減価償却も行われなかった。

したがって、貸借対照表上の会計データは原価（または原価マイナス減価償却累計額）であって、とくに有形固定資産の土地や流動資産（現金および一年以内に現金化する資産）の有価証券のように時価が大きく変化していくものは、貸借対照表上の価額と時価との差が著しいことが多い。

このように原価と時価に差があり、原価よりも時価が高くて、なおかつ貸借対照表に差額が表示されていないとき、その差額のことを「含み益」という。また原価よりも時価が低くて、なおかつ貸借対照表に差額が表示されていないときは、その差額のことを「含み損」という。

さらに含み益は、売却などによる資金の流入が確実視されるものではないから「未実現利益」といわれる。

なお負債にも含みがある。たとえば従業員は退職すれば退職給付がもらえる。退職給付というのは退職時に一定額をまとめて受け取ることのできる退職一時金と、数年間にわたって月々に分けて受け取ることのできる退職年金とからなっている。退職給付は従業員が勤めている間は支払われず、負債として累積されていく。その負債に対しては財源として給料からの天引き分の退職給付資産と、会社が費用として計上する退職給付引当金があるが、従業員が全員、同時に退職することはないから、全員が退職した場合に必要となる額までは備えていないのが通常である。

それでは、どれだけ備えてあればよいかというと、一定の基準が定められている。この基準がかつて日本と世界とで差があり、国際的な基準に統一された結果、わが国では財源の積み立て不足が生じることになった。つまり、退職給付にともなう負債は、退職給付資産と退職給付引当金の合計額よりも大きく、その部分が隠れ債務（未認識債務）として、つまり債務の含みとして存在するのである。

含み損益の額がわかると、なにがわかるか

たとえば、A社とB社が互いに隣接する土地を、それぞれ二〇〇平米ずつ所有していると

図表15－1　貸借対照表（含み益のあるとき）

A社	B／S（単位：万円）		
諸資産	1,000	期首純資産	2,000
土地	2,000	純利益	1,000

B社	B／S（単位：万円）		
諸資産	1,000	期首純資産	60,000
土地	60,000	純利益	1,000

する。ただし、A社はこの土地を二〇年前に一平米当たり一〇万円で、B社は、当期首に一平米当たり三〇〇万円で取得したとする。A、B両社とも、期末現在、一、〇〇〇万円の資産を保有しており、今年度はそれぞれ一、〇〇〇万円の純利益をあげたとすると、両社の貸借対照表は図表15－1のようになる。

貸借対照表には、土地をいつ取得して、今現在、時価はいくらかということは書かれていない。したがって、前記のような事情を知らない者がこの二つの貸借対照表を見たとしたらどうか。

両社を比べたとき、①規模という面から見ると、B社がA社よりも二〇倍も大きく、②収益力という面から見ると、両社が同等（同じ額の利益をあげているから）と見えるか、規模の小さなA社が大健闘しているように見えるだろう。しかし、両社の違いは、土地をいつ取得したかの違いだけであり、他の条件はまったく同じなのである。

この場合、A社の借方の土地を時価評価して六億円（貸方は期首純資産が五億八、〇〇〇万円増加）とすれば、両社の貸借対照表はまったく同じになる。

図表15―2　貸借対照表（含み損のあるとき）

C社　B／S（単位：万円）

諸資産	2,000	期首純資産	2,000
土地	1,000	純利益	1,000

C′社　B／S（単位：万円）

諸資産	1,000	期首純資産	2,000
土地	1,000	純利益	0

これは含み益が存在する場合の事例であるが、含み損が存在する場合には、もっと深刻な状況になる。

今日、不良債権、不良在庫、不良資産ということをよく耳にする。これらは貸借対照表上に資産として計上されていても、回収の見込みのない債権、販売できる見込みのない在庫、収益に貢献することのない資産であり、含み損を抱えているものであって、放置しておくと資本の食いつぶしを生じさせる要因となる。

たとえば、諸資産二、〇〇〇万円、土地（含み益なし）一、〇〇〇万円、期首純資産二、〇〇〇万円の会社があったとすれば、純利益は一、〇〇〇万円となるが、これは諸資産がまったく含み損を抱えていないことを前提とする。

もし、諸資産に、一、〇〇〇万円の含み損があったとすれば、この会社は一円の純利益もあげていないことになり、仮に五〇〇万円の株式配当や役員賞与支給という利益処分を行えば、その分、資本の目減りが生じてしまう。

測定・開示される含み

一般的にいって、含み損益が多いのは土地、債権、有価証券である。このうち債権は含み損が問題となるが、主に金融機関の抱える問題である。

わが国では金融機関は会社の収益力に応じてではなく、担保に応じて貸付けを行っている。担保があれば収益力のない会社にも融資をするから、債権先はたやすく破綻して利息の支払や元本の返済ができなくなり、担保の処分にせまられることになる。

この場合も、実は担保となっているのが土地であって、担保としてとってある土地を処分して債権を回収しようにも、それが困難であるがゆえに含み損、つまり不良債権となっている。したがって債権の含み損も、せんじ詰めれば、土地の問題と考えることができる。

上場会社が保有する有価証券のうち、証券取引所に上場《じょうじょう》されているもの（上場有価証券）や証券会社の店頭で売買されているもの（店頭売買有価証券）など時価を合理的に算定できるとされているものについては、決算日の貸借対照表計上額とその時価、さらにそれらの差額を、その算定根拠を示して注記しなければならないことになっている。

なお、資産などの金額を決めることを評価というが、有価証券の評価もその保有目的などにより分類され、異なっている。売買目的有価証券は期末の時価で評価し、原価と時価の評価差額は損益計上される。満期保有目的の債券、子会社・関連会社株式は原価で評価する。その他の有価証券は原則として期末日の時価で、または、毎年、継続してその評価方法を採用することを条件として期末前一か月の平均時価で評価し、原価と時価の評価差額は貸借対照表の純資産の部に計上される。時価で評価された場合、含み損は吐き出されることになる。

また、固定資産についても減損会計というものが二〇〇四年三月期（期末）から早期適用され、二〇〇六年三月期（中間・期末）から強制適用されている。

減損会計というのは固定資産について、将来の一定期間（最長二〇年）に生み出す収益力から算出した価値（割引前将来キャッシュ・フロー）が帳簿価額を下回った場合に、帳簿価額が回収可能価額（資産の正味売却価額と使用価値つまり見積将来キャッシュ・フローの現在価値のいずれか高い金額）を上回る分を減損損失として処理する会計手続きである。

土地については、上場会社が作成する有価証券報告書の「設備の状況」において、工場用地なのか営業所などの用地なのか、その所在地は何県何市にあるか、といった程度のことは書いてある。しかし、その土地をいつ取得したのか、現在の取引価格はいくらか、などといった情報は開示されない。したがって、時価を把握し、含みを測定することは困難なのが現状である。

ただし、一九九八年に成立した「土地再評価法」によって二〇〇〇年三月期に一度、土地は再評価することが認められた。これは企業が保有する事業用土地を時価で再評価し、その含み損益を実現させ、とくに評価益をださせることによって、収益力でなく担保能力で融資先を選ぶ主義の銀行のもとでも中小の企業が融資を受けられるようにすることを目的として、ただ一度、土地を再評価することを認めた法律だ。

これによって土地は時価まで切り上げられることになったが、その後の地価は下降気味だから、含み益を実現させた結果、その後は含み損を抱えることになってしまったというのが実情のようだ。

会社が保有する土地の時価情報を入手するのは困難だが、実際に入手できたとしても、つぎのようなさまざまな時価がある。

① 土地の時価

ア　地価公示法による公示価格

イ　国土利用計画法による都道府県基準価格

ウ　相続税法・地価税法による路線価

エ　地方税法による固定資産税評価額
オ　実勢価格
このことは有価証券も同じで、つぎのようないくつもの時価がある。
② 有価証券の時価
ア　証券取引所の終値
イ　複数銘柄の有価証券の売買注文をまとめてだす「バスケット取引」の専門市場の大口取引価格
ウ　同数の売りと買いの注文を同時に出す「クロス取引」の大口取引価格
エ　市場外の相対取引価格
オ　取引量・保有量を考慮して求める売却可能価額
このようないくつもの時価が存在することを考えると、時価情報をむやみに公表することは、混乱をもたらす危険性がある。

含みをはかるうえで時価情報の開示は必要だが、原価主義を原則として、土地や有価証券など含みの大きい資産（および含みの大きい負債）について例外的に時価情報を開示することが望ましいといえる。その場合にも、ただ単に、土地の時価とか有価証券の時価といった表示ではなく、右に示した各種の時価のうちどれを使っているかを明示すべきであろう。

第16章
配当性向・配当率・配当倍率を読む

配当性向とは何か

$$配当性向 = \frac{配当金}{当期純利益} \times 100\ (\%)$$

会社が稼いだ利益のうち何%を配当として株主に分配するかを示す比率を「配当性向」という。

本来、利益はすべて会社の所有者、つまり株主のものであるが、課税上の問題や経営政策、配当の平準化政策、あるいは株主軽視の風潮などから、わが国では利益の一部しか配当に回されない。

配当性向は、見ようによっては、経営者の株主軽視度を表す指標であり、経営者のケチ度でもある。

ただ、わが国の会社は、その年にいくら稼いだかとは関係なく配当額を決める傾向がある。試しに、「会社四季報」でも「日経会社情報」でも開いてみるとよい。どの頁にも、毎年、一株当たり配当額を変えない会社が見つかる。

たとえば、次の日本ハム、伊藤ハム、明治乳業、森永乳業、日清食品、丸大食品のデータからわかるように、当期の一株当たり利益の額と配当額（いずれも、親会社の額）とはほとんど関係がない。損失を出した期にも、同じ額の配当を行っている。配当は、その期の利益からだけではなく、過去の利益を内部留保した部分（任意積立金など）からもできるからである。

図表16―1　日本ハム

	1株当たり利益	1株当たり配当額
2003年度	0.9円	16円
2005年度	22.0円	16円
2007年度	6.8円	16円

図表16―2　伊藤ハム

	1株当たり利益	1株当たり配当額
2003年度	0.7円	8円
2005年度	7.5円	8円
2007年度	△14.3円	4円

図表16―3　明治乳業

	1株当たり利益	1株当たり配当額
2003年度	13.4円	6円
2005年度	21.1円	6円
2007年度	28.8円	10円

図表16－4　森永乳業

	1株当たり利益	1株当たり配当額
2003年度	12.8円	6円
2005年度	16.1円	6円
2007年度	11.9円	6円

図表16－5　日清食品

	1株当たり利益	1株当たり配当額
2003年度	99.6円	30円
2005年度	114 円	30円
2007年度	150 円	50円 (記念配当20円を含む)

図表16－6　丸大食品

	1株当たり利益	1株当たり配当額
2003年度	27.3円	3円
2005年度	△12.2円	3円
2007年度	6.4円	4円

なお、新しい会社法の制定によって、従来の利益配当、中間配当のほかに、「資本および準備金の減少に伴う払い戻し」を加えて、「剰余金の配当」と呼ぶようになった。上場している会社のような大企業では、資本金や準備金を減少させてまで株主に配当することはない

であろうから、これまでどおり、当期純利益のうちどれだけを配当したか（配当性向）を計算することによって、経営者の配当政策を読むことができよう。

配当性向と配当率

一株について五円の配当というのは、一株を所有する株主に、年間で五円の配当を支払うということである。古くからある会社は、額面を五〇円とする株式（額面株式）を発行している。五〇円株の場合、年間に五円の配当ということは、額面に対して一割の配当ということであるから、これを配当率一割という。

五円配当の場合、会社は、期末における発行済み株式数に五円を掛けて、必要な配当額を決めるといわれている。その年にいくらの利益があったかからスタートするのではなく、その年の利益の多少に関係なく、毎年の慣例のとおり、五円

配当性向＝当期の利益のうち，配当として分配する割合。

$$= \frac{\text{配当金}}{\text{当期純利益}} \times 100\ (\%)$$

配当率＝株式の額面に対する配当の割合。

$$= \frac{\text{配当金}}{\text{株式の額面}} \times 100\ (\%)$$

配当倍率＝配当の何倍の利益があるかを計算する。

$$= \frac{\text{当期純利益}}{\text{配当金}}\ (\text{倍})$$

配当するのに必要な金額を計算するというのである。

そうすると、配当率（株式額面に対する配当の割合）を一定に固定すると、当然ながら、当期純利益の増減に応じて配当性向が増減する。

多くの利益を上げた期には配当性向は下がる。利益が増えても配当率が一定なのであるから、利益のうち配当に回される割合（配当性向）は小さくなる。

逆に、利益が少ない期には、利益のうち配当に回される部分が大きくなり、配当性向が高くなる。

わが国の会社では、このように配当性向と配当率がまったく関係なく決められることが多いようである。

配当倍率——イギリスの知恵

英米（特にイギリス）では、配当性向の計算式の分母と分子を入れ替えて、配当倍率を計算する。配当倍率は、英語で dividend cover といい、当期に支払われる配当の何倍の利益があったかを示すものである。

配当倍率は、配当の余裕度なり配当余力を示す指標として使われている。つまり、当期の配当に無理がないかどうかを判断する指標なのである。

配当性向と配当倍率は、単に分母と分子を入れ替えただけであるが、一方は経営者のケチ度の「ものさし」とされ、他方は余裕度を見る「ものさし」とされる。その国で使われる計算式（ものさし）が、すでにその国の国民性や経済感覚を物語っていて興味深い。

第17章 ROE経営とはなにか

ROE《アールオーイー》とROI《アールオーアイ》

自分が投資した会社がどれだけもうかっているのかは、株主に共通する関心事である。どれだけもうかっているのかを示す指標は、収益性である。

収益性を判断する指標にもいろいろある。総資本利益率（Return on Investment, 以下、ROIとする）、総資本経常利益率、株主資本利益率（Return on Equity, 以下、ROEとする）などである。

分母にどのような資本概念を用い、また分子にどのような利益概念を用いるかによって、収益性の測定指標の名称は異なる。分母としての資本には総資本、自己資本などがあり、分子としての利益には売上総利益、営業利益、経常利益、当期純利益、税引後当期純利益、事業利益などがある。

総資本とは、負債（他人資本）と自己資本を合計したものであり、自己資本とは純資産を指し、株主が出資した資本であるところから株主資本とも呼ばれる。

これに対して、売上総利益とは売上高から売上原価を差し引いたものであり、これから減価償却費、給料など販売・管理活動に関連して発生した費用を差し引いたのが営業利益である。さらに営業利益に受取利息、有価証券利息、受取配当金その他金融上の収益を足して、支払利息その他金融上の費用を差し引いたのが、経常利益である。経常利益に特別利益と特別損失を加減したものが税引前当期純利益であり、これから法人税等を差し引いたのが当期純利益である。

損益計算書

Ⅰ	売上高	
Ⅱ	売上原価	
		売上総利益
Ⅲ	販売費・一般管理費	
		営業利益
Ⅳ	営業外収益	
Ⅴ	営業外費用	
		経常利益
Ⅵ	特別利益	
Ⅶ	特別損失	
		税引前当期純利益
		法人税・住民税
		当期純利益

$$\mathrm{ROI}=\frac{\text{事業利益（＝営業利益＋金融収益）}}{\text{総資本}}\quad\cdots\cdots(1)$$

ROIは、上の式が示すように、分母に株主から出資された自己資本と債権者から調達した他人資本の合計である総資本を用い、分子に事業利益を用いる。事業利益とは、営業活動による利益（営業利益）と財務活動の成果（金融収益）を加算したものである。したがって、ＲＯＩは、投下した資本自体が、いいかえればば企業全体がどれだけ収益をあげたかを示す指標である。

(1)式の分母に自己資本を、分子に当期純利益を入れると、自己資本にとっての収益性が示されることになるが、この指標はＲＯＥと呼ばれ、ＲＯＩとは区別して用いられる。

ＲＯＩが企業全体の収益性の指標であるのに対して、ＲＯＥは株主にとっての投資収益性を表す指標である。もっとわかりやすくいえば、ＲＯＥの分子は借入金に対する支払利息、法人税を払った後の利益であり、分母は株主が出資した資本（このために、これを株主資本とか自己資本という）であるので、ＲＯＥは株主が出資した資本が株主の手元に残る利益をどれだけ生み出しているのかをパーセンテージで示したものである。

$$\text{ROE} = \frac{\text{当期純利益}}{\text{株主資本}} \quad \cdots\cdots (2)$$

わが国の会社においては、バブル崩壊後、国内景気の著しい落ち込みと不良債権、有価証券評価損など巨額の特別損失が計上され、ＲＯＥも過去最低の水準を記録したが、平成一三年以降、財務状況の改善・当期利益の増加・資本回転率の上昇などにより、徐々に回復してきている。

図表17－1　業種別ROE

	ROE	
	平成16年度	平成17年度
全産業	4.8	7.0
製造業	5.4	6.9
小売	0.8	8.3
サービス	6.7	7.6

（経済産業省「平成17年度企業動向調査概要」第２章参照）

ROE経営のねらい

いま、ROE経営が大流行している。ROE経営とは株主重視の経営のことをいう。すなわち、株主利益の最大化を会社の第一目標とし、株主にとっての投資収益性を表すROEの向上にもっとも重点を置いて経営を行うことである。

株主最優先の経営はアメリカ型の経営手法であり、株主資本の効率的運用を重視し、資源の最適利用に力を注ぐのが特徴となっている。

わが国でもROEを高めるために、多くの会社が自社株を消却して分母である資本を縮小したり、リストラを行ってコストをなんとか削減し分子である利益を上げようと努力している。

なぜいま、ROE経営がこんなにも叫ばれるのだろうか。

一つの要因は、経営のグローバル・スタンダード化である。いや、経営のアメリカナイズとでもいったほうが適切だろう。

大胆なリストラ策を講じて不況から立ち直り、バブルの煽りを受けて大躍進するアメリカ流の経営は、不景気のどん底にあるわが国の経営者からみればバイブルのようなものである。アメリカ流の株主最優先の考え方を採り入れ、株主資本の効率性を重視した経営を行っていけば、業績も上向くだろうとの考え方が浸透してきているといえる。

もう一つの要因は、個人投資者の株式離れに歯止めをかけるためである。

日本的経営の特徴の一つに、メーン・バンクを中心としたグループ経営、会社間の株式持ち合いをあげることができる。このようなメーン・バンクによる会社支配、株式持ち合いによる緊密な会社間の系列関係はしばしば個人投資者を軽視する結果をもたらした。顕著な例が株主総会開催日の集中とか、総会屋への利益供与とか、低額配当とかである。

メーン・バンク所有の株式やその他の持ち合い株式は発行済株式数のうちかなりの割合を占めている。しかし、これらの株式を所有しているメーン・バンクやその他の会社は、投資先の会社の取締役会に役員を派遣したりしているのでわざわざ株主総会で物申す必要もない。持ち合いは強固な取引関係を築くことにあり、配当を目的として投資しているわけでもない。

しかし、バブルが崩壊してから持ち合い関係は徐々に崩壊してきたといわれる。不景気で会社の業績が著しく悪化し、どの会社も持ち合い株式を所有する体力がなくなってきていることや、系列関係がもたらす弊害が顕著になってきたことなどがその要因として考えられるだろう。

ここでようやく個人投資者に目が向けられ始めてきている。株価を維持するために、株式市場の低迷から株離れの傾向が見られる個人投資家を引きつけようと、株主にとって魅力ある会社づくりを目指し始めたといえる。

ＲＯＥ経営の落とし穴

ＲＯＥ経営は、はたしてわが国の会社にとって業績回復の切り札となりうるのだろうか。ここで、ＲＯＥ経営を検証してみることにする。

第一に、ＲＯＥは経営者にとって有用な指標となるかどうかを検討しよう。

ＲＯＥは株主資本の収益性を示す指標であり、株主にとっては投資効率を示す有用な利益率となるだろう。しかし、経営者の立場からはどうだろうか。

経営者にとっては、他人資本であろうが自己資本であろうが、資金の調達源泉にかかわりなく、他人資本と自己資本とを色分けして使うことはない。したがって、経営者の最大の関心は、会社の全体の資本がどれだけ効率的に運用されているかであり、ROIを高めることに最も重点が置かれることになる。

経営者がROEに着目して経営を行ったとしよう。ROEを高めるために、一方で、分母である株主資本を縮小し、他方で、分子である税引後当期純利益をあげることに努力をする。負債利子率が総資本事業利益率を上回っている場合、借入による資金調達はROEの低下を招くので、株主資本の縮小分を他人資本でまかなうわけにもいかず、投資は抑制され、長期的な視点での事業拡大は手控えられる。分子の利益を増大するために、リストラによって従業員を解雇し、人件費を削減する。ROE経営は、つきつめていけば、事業の縮小均衡を招くのである。

かくして、ROE経営は会社の業績を回復・向上させるどころか、会社を弱体化させる要因ともなりかねない。

第二に、ROE経営は本当に株主最優先の経営に繋《つな》がるのだろうかという点を検討する。ROE経営が株主重視の経営といわれるのは、ROEの向上が増配や株価の上昇など株主に利益をもたらす可能性があるからである。いいかえれば、ROEが高まったところで、増配や株価の上昇がなければ、株主にとってはいかなる利益も生じない。

株主資本の収益性を判断するには、株主資本の額と利益との関係を見るROEだけでは不十分であり、株価の水準と利益との関係、すなわち株価収益率をも視野に入れることが不可欠である。

第三に、ROE経営は会社全体に福をもたらすかどうかを検討しよう。

「会社は株主のもの」がROE経営の本質である。しかし、このような考え方は、とりわけ集団指向の強いわが国では、そう簡単に受け入れられるとも考えがたい。

会社にはいろいろな利害関係者が存在し、これらいろいろな利害関係者の貢献により会社はその経営活動を行っていくことができる。しかし、第10章でも見たように、従業員をより多く満足させようと思えば株主の利益を損なうことになり、株主に対する配当を最優先させれば従業員の労働意欲が失われるといった具合に、各利害関係者の利益が必ずしも一致するとは限らない。

株主偏重主義の経営は他の利害関係者の利益を軽視することになり、結果的に会社の運営を危うくする惧《おそ》れもある。

アメリカでは、利益を増やすためにレイオフをして給与コストを引き下げ、不採算な子会社を切り捨てるリストラを行って損失計上を防止し、また、そうして浮いた資金で自社株を積極的に消却して自己資本を減らしてきた。その結果、アメリカの優良企業は次第に規模が小さくなり、縮小均衡に向かっている。

ＲＯＥは資本利益率の一種であるから、経営の目標としては悪くない。しかし、使い方を誤ると、アメリカ企業の二の舞になる。両刃の刀であることをよく理解したうえで活用したいものである。

索　引

か

き

く

け

し

せ

そ

井戸　一元（いど　かずもと）

名古屋外国語大学現代国際学部国際ビジネス学科教授、博士（経営学）。

岐阜市生まれ。学生時代を愛知で過ごした生粋の中部っ子です。

大学では、「簿記原理」「経営分析」「国際会計」を担当しています。

子供の頃、夏は清流・長良川で泳ぎ、時間を見つけては金華山を登りました。殊に新緑と紅葉の季節の金華山、岐阜城からの眺望は素晴らしく、濃尾平野の広さを感じながら、道三・信長・秀吉の「国盗り」に想いを馳せました。最近は、真の企業利益とは何か、について考えながら、当期純利益に慣れ親しんだ私たちが包括利益をどのように使いこなすのか、その行方を心配しています。国益重視の大切さを噛みしめながら、国際社会の今を生き抜くことの困難さを痛感しています。

加藤　正浩（かとう　まさひろ）

龍谷大学経営学部教授。

愛知に生まれ、学生時代も愛知で過ごし、浜松の短期大学の教員を経て、1996年から京都の龍谷大学で「会計監査論」と簿記・会計の入門科目を担当しています。飛行機や船のプラスチック模型作りが好きです。スポーツは得意としていたのですが、数年前に学生たちとバスケットをしてアキレス腱断裂を経験してからは自重しています。最近の関心事は、監査論における倫理学、哲学の応用（これが結構、むずかしい）と、学生が私の学説を啓蒙してくれる公認会計士になるように育成することです。

執筆者の自己紹介

田中　　弘（たなか　ひろし）

神奈川大学経済学部教授、商学博士。

札幌に生まれ、学生時代を東京で過ごし、その後、名古屋の愛知学院大学に奉職。1993年から神奈川大学で「会計学」と「経営分析」を担当しています。子供のころはスポーツが苦手でしたが、今は、テニス、スキー、ゴルフ……体を動かすのが大好きになりました。釣りも大好きです。最近の関心事は、メタボ（もうちょっと痩せなくっちゃ）と、国際会計の行方（こんなに暴走していいんだろうか）です。

藤田　晶子（ふじた　あきこ）

明治学院大学経済学部教授。

大学では、「国際会計論」と「会計史」を担当しています。

専門はフランス会計学および無形資産会計です。フランスは大好きな国の１つで、なによりもその魅力は会計学ではなくワインにあります。赤ワインはボルドーのメドック方面、白ワインはブルゴーニュのムルソーを好んでよく買います。

最近は無形資産について研究しています。

著者との契約により検印省略

平成20年5月30日　　初 版 発 行

基礎からわかる
経営分析の技法

著　者　田中　弘
藤田晶子
井戸一元
加藤正浩

発行者　大坪嘉春
印刷所　松澤印刷株式会社
製本所　株式会社三森製本所

発行所　東京都新宿区 下落合2丁目5番13号　株式会社 税務経理協会

郵便番号 161-0033　振替 00190-2-187408　電話 (03) 3953-3301（大代表）
FAX (03) 3565-3391　(03) 3953-3325（営業代表）

URL http://www.zeikei.co.jp/

乱丁・落丁の場合はお取替えいたします。

ISBN978-4-419-05093-1　C2034